Dorothea und Herbert Renz-Polster

Radfahren
mit Kindern

Vom Fahrradkauf bis zur Tourenplanung

W0059126

Rowohlt

Simon

Weißt du noch,
unsere Abenteuer
auf dem Fahrrad...?

Originalausgabe
Veröffentlicht im Rowohlt Taschenbuch Verlag GmbH,
Reinbek bei Hamburg, Mai 1994
Copyright © 1994 by Rowohlt Taschenbuch Verlag GmbH,
Reinbek bei Hamburg
Alle Rechte vorbehalten
Satz Times PostScript Linotype Library, PM 5.0,
Langosch Grafik + DTP, Hamburg
Gesamtherstellung Clausen & Bosse, Leck
Printed in Germany
1290-ISBN 3 499 19598 4

Inhalt

4 Ausflug, Reisen, Abenteuer 99

Vorwort

Sobald wir einmal Kinder haben, scheint es, als zögen sich die Aben-
teuer aus unserem Leben zurück, um sich mit einem Lächeln in das
Reich der Phantasie – oder in die Erzählungen von «früher» – zu
begeben. Keine Spiele, nur noch Brot, denken wir und stellen den
Fernsehapparat lauter; möge sie zu uns dringen, die Stimme des
Lebens, die Stimme der Abenteuer, die andere – Singles, Jüngere,
Kinderlose – dort hinter der Mattscheibe erleben.
Dabei wohnt, wie ein französischer Philosoph 1983 (ach, Gott sei
Dank und endlich!) herausfand, das Abenteuer «gleich um die
Ecke». Vielleicht hätten wir doch schon früher einmal im Keller
nachschauen sollen oder im Fahrradschuppen nebenan, in dem die
einstmals blitzenden Velos stehen, ja, vielleicht hat uns dazu nur das
eine gefehlt: ein bißchen Schwung, ein bißchen Push, ein kleines
Büchlein «Radfahren mit Kindern»?

1

Aufsteigen

JANOSCH

SCHNUDDEL

Hasenmotor kostet nix

Dressler

Bilder wie dieses scheinen zu sagen: «Schaut mal her, Eltern und Kinder, da ist Platz für euch alle…» Und bestimmt rührt die Faszination der Kinder an solchen «Familienfahrrädern» von der Tatsache her, daß da ein paar Leute gemeinsam aufsteigen könnten: Mutter, Vater, Bruder, Schwester und der Freund vom Kindergarten.

Was sich im obigen Kinderbuchausschnitt am Tandem festmacht, ist der Wunsch nach gemeinsamen Ausflügen von flügge werdenden Menschen, ob das Gefährt nun aus zwei zusammengeschweißten Fahrrädern besteht oder nur aus einem (das nicht nur leichter zu zeichnen, sondern auch leichter zu betätigen ist).

Hier treffen die Träume der Kinder auf die Bedürfnisse der Erwachsenen. Welche Familie mit Kindern hat nicht schon einmal an ein solches Zaubergefährt aus den Kinderbüchern gedacht, dem zwar meist ein paar Speichen fehlen, mit dem sich aber doch die Welt mit Sack und Pack er-fahren ließe?

Um dieses Bedürfnis rankt sich inzwischen ein ganzer Reigen von Angeboten: Kindersitze, Fahrradanhänger, Familienreisen usw.

Wir werden Sie in dem Buch mit diesen Möglichkeiten vertraut machen.

Das Rad

Doch das Herzstück der velopedalen Mobilität ist und bleibt – nicht nur im Kinderbuch – das Fahrrad selbst, zu dem jeder Radler in einer elementaren Abhängigkeit steht. Denn ein schlecht ausgerüstetes oder schlecht gewartetes Fahrrad kann für Eltern und Kinder verhängnisvoll werden. Wir haben deshalb in unserem Übersichtskapitel (**«Das Fahrrad»** – Kapitel 2) den Aspekt der Sicherheit an erste Stelle gerückt. Das gilt natürlich insbesondere für das Kinderrad. Unverständlicherweise werden gerade hier die meisten Kompromisse gemacht: An das «Rädle», das der Osterhase bringt, wird oft keine andere Anforderung gestellt als die, daß es billig sein soll. Im Kapitel «das Kinderrad» beziehen wir hierzu Stellung.

Die Mühen der Ebene

Die Hürde des Fahrradkaufs wird mancher Leser bereits übersprungen haben. Wer für das «Abenteuer gleich um die Ecke» also gerüstet ist, den erwarten die Mühen der Ebenen, die Strapazen der Berge – und das befreiende Gefühl, mit seinen Kindern wieder ein Stück «Lebensfeeling» zurückzuerobern. Wir haben dem Band mehrere «Reiseerzählungen» eingestreut, aus denen Sie dieses Gefühl schon im voraus schöpfen können.

Doch Sie wollten ja selbst etwas erleben – im Abschnitt «Ausflug, Reisen, Abenteuer» erfahren Sie alles, was Sie zur Planung, Vorbereitung und Durchführung solcher Touren brauchen: die geeignete Ausrüstung (vom Werkzeug bis zur Regenkleidung, von der Packtasche bis zum Autogepäckträger), Kartenmaterial, Informationen über die deutschen Fernradwanderwege, Übernachtungsmöglichkeiten, Checklisten zur Sicherheit und Tauglichkeit Ihres Fahrrads.

Hier: Entspannung pur

Die Kinder steigen auf

Auch in dem Abschnitt «Die Kinder steigen auf» haben wir die Fragen der Praxis in den Vordergrund gerückt; z. B.:
- Gibt es den idealen Kindersitz?
- Was ist von Fahrradhelmen zu halten?
- Wie kann man Fahrräder transportieren?
- Welche Erfahrungen kann man mit Fahrradanhängern machen?

Um den Einstieg zu erleichtern, haben wir einen Anhang mit nützlichen Adressen und interessanter Fahrradliteratur eingefügt.

Doch wir wollen nicht in die Ferne schweifen, bevor wir nicht einen ganz banalen und vielleicht frustrierenden Gang um die Ecke unternommen haben: zum *Fahrradhändler*, Abteilung Erwachsenen- und Kinderräder... Blättern Sie weiter!

2

Das Fahrrad

«Es gibt kaum etwas auf dieser Welt, das nicht irgend jemand ein
wenig schlechter machen und etwas billiger verkaufen könnte,
und die Menschen, die sich nur am Preis orientieren, werden die
gerechte Beute solcher Machenschaften.»

John RUSKIN, *englischer Sozialreformer (1819–1900)*

Auch wir sind der Meinung, daß man nicht alle fünf Jahre das Fahrradmodell wechseln muß, um Spaß am Radfahren zu haben. Aber geht es Ihnen nicht auch so, daß Sie manchmal angesteckt werden von dem Technikfieber, das, so scheint es, auch die Fahrradfahrer befallen hat? Also:

Was ist dran an Halogenscheinwerfern, Gelsätteln und diesen unglaublichen 24 Gängen?

SIE haben den Boden der Realität unter den Füßen. Sie treten tagtäglich ein oder zwei Kinder zum Kindergarten. Sie könnte eigentlich nichts mehr überraschen. Oder doch?

Das Elternrad: Rennkombi mit Geländereifen?

32 Millionen Fahrräder gibt es inzwischen in der Bundesrepublik, und wenn der Trend so weitergeht, hat irgendwann ein jeder Bürger, vom Säugling bis zum Greis, sein Rad.

Und das ist gut so. Denn wenn wir auch nur zum nächsten Briefkasten fahren wollen, an ihm kommen wir nicht vorbei: an einem gut funktionierenden Untersatz, sei dieser neu oder gebraucht.

Betrachten Sie die folgenden Informationen deshalb weniger als Kaufberatung, sondern als Basiswissen für alle, die mit einem Fahrrad durchs Leben «gehen».

Gott sei Dank ist es ja findigen Technikern noch rechtzeitig vor der Besiedelung des Planeten Mars gelungen, für uns Erdmenschlein Fahrräder zu konstruieren, die auch mal einen kleinen Hügel hochkommen und den Fahrer ohne Gefahr für Leib und Leben auf der anderen Seite wieder hinunterbringen (was vor der «technischen Revolution» der Mountainbike-Ära gar nicht so selbstverständlich war).

Auf welchem Wege sie auch entstanden sein mögen, auf dem Markt tummeln sich so allerhand mehr oder weniger vertraueneinflößende Fahrräder. Die in den letzten Jahren hinzugekommenen Mountainbikes, Trekkingbikes, BMX-Fahrräder, Liegeräder usw. tun ein übriges, um den Käufer zu verwirren.

■ **Die allgemeinen Kriterien**

Ob Sie sich nun ein neues Fahrrad erwerben oder ihrem alten treu bleiben wollen: Sie werden uns sicher zustimmen, wenn wir als Eltern transportbedürftiger Kinder den Aspekt der *Fahrsicherheit* an erste Stelle rücken (die Rücksicht auf den Geldbeutel sollte erst jenseits dieser Grenze beginnen). Für das Fahrrad bedeutet dies: hochfester Rahmen (siehe S. 25ff), auch bei Nässe zuverlässig funktionierende Bremsen (siehe S. 32f), stabiler Gepäckträger (siehe S. 44f), einwandfreie Beleuchtungsanlage (siehe S. 33ff).

Nicht vergessen: Erst durch sorgfältige Wartung und entsprechendes Zubehör (Kindersitze siehe S. 68ff, Fahrradhelme siehe S. 49ff, Reflektoren siehe S. 33ff) wird Ihr Fahrrad zu einer rundherum sicheren Sache!

Außerdem soll ein Fahrrad *bequem* und *leicht zu handhaben* sein: Ein guter Sattel (siehe S. 42f), ein bequem zu greifender Lenkerbügel (siehe S. 43f), ergonomisch durchdachte Schalthebel (siehe S. 35) – wer öfter unterwegs ist, weiß solche Details zu schätzen.

Rennfahrer und Postmann

Bis hierher können alle Fahrradfahrer, vom Rennfahrer bis zum Postmann, unterschreiben. Bei den Qualitätsmerkmalen *Gewicht* und *Schnelligkeit* wird es schon schwieriger. Denn ein straßen- und tourentaugliches Fahrrad, das auch noch Zulademöglichkeiten für Kinder und Gepäck bieten soll, kann natürlich nicht so leicht sein wie ein Rennrad. Andererseits ist das, was wir auf das Fahrrad packen, meist schon schwer genug, so daß das Fahrrad selbst nicht auch noch überzählige Pfunde auf die Waage bringen darf. Unsere Meinung: Treffen wir uns gewichtsmäßig in der Mitte: Gut aufgepumpte Reifen, eine gut geschmierte Kette und eng anliegende Kleidung gleichen einen Unterschied von 1 bis 2 kg schnell aus.

Was das Gewichtsproblem entschärfen könnte, wäre – wie so oft – ein prall gefüllter Geldbeutel. Denn natürlich können leichte, schnelle Räder gleichzeitig auch stabil sein, sie müssen nur entsprechend sorgfältig konstruiert und gearbeitet sein. Und das ist *teuer*.

Technik und Wartung

Auch andere Qualitätsmerkmale leisten sich unliebsame Konkurrenz. Denn wer nicht gerade Mechaniker ist, wird Wert auf *Zuverlässigkeit*, *Langlebigkeit* und einen

möglichst geringen *Wartungsaufwand* des Fahrrads legen. Allerdings: Wo Höchstleistungen vom
Fahrrad verlangt werden (z. B.
Berggängigkeit, Tauglichkeit für
Fahrradreisen), geht es ohne
High-Tech nicht ab – und Technik
muß nun einmal «bei Laune»
gehalten werden (siehe S. 152).
Wen also **Wartung** nur nervt,
sollte auf ein möglichst einfaches
Stadtrad mit Trommelbremse
und Nabenschaltung zurückgreifen. Denn welches Rad Sie aus
dem Bike-Shop tragen, ist das
eine, in welchem Zustand dann
der Untersatz ist, auf dem Sie
jahraus, jahrein über den Asphalt
rollen, das andere. Lieber ein

billiges, gut gewartetes Rad als
ein teures, nach wenigen Monaten mangels Pflege schon ausge-
lutschtes.

So befinden wir Familienfahrer
uns also in demselben Dilemma,
in dem sich Olaf in dem Kinderbuch *Olaf's Superrenntauchflug-
auto* befindet: einerseits fliegen,
andererseits tauchen – das geht
nun einmal nicht. Der Traum
vom fliegenden, tauchenden
Rennauto endet dann auch (in
dem Buch) damit, daß Olaf auf
ein anderes Transportmittel um-
steigt, nämlich auf das *Fahrrad …*
Aber da sind wir ja bereits, und
wir wollen Ihnen jetzt nicht
gleich das Wandern empfehlen.

Zwei Freunde unterwegs

▧ Die Kernfrage: Mein Fahrradtyp?

Man sollte ein «Lexikon der Fahrradtypen» besitzen, um in Radlerkreisen mitreden zu können. Aber keine Angst: Auch Ihr Fahrradhändler hat seine Mühe mit dem babylonischen Kauderwelsch, das die Fahrradvertreter mit ihren Kollektionen jedes Frühjahr in seinen Laden tragen.

In der folgenden Tabelle sind die wichtigsten Typen zusammengestellt:

Typ	Beschreibung
Montainbike (MTB, VTT)	Unverwüstliches, ursprünglich für den sportlichen Einsatz konzipiertes Berg- und Geländerad mit «kleinen» (26-Zoll-)Laufrädern. Keine serienmäßige Straßenverkehrstauglichkeit (nicht immer nachrüstbar; kommt für den «Familieneinsatz» dann praktisch nur als Zugpferd für Kinderanhänger in Frage). Fließende Übergänge zum All-Terrain-Bike.
All-Terrain-Bike (ATB)	Vom Montainbike geklontes (und oft auch schlicht als solches bezeichnetes), jedoch von der Rahmengeometrie her «entschärftes» Mehrzweckrad. Lichtanlage, Schutzbleche, Gepäckträger usw. müssen wie beim MTB meist «nachgerüstet» werden.
Trekking-bike/Reiserad	Robustes, für längere Fahrten und Gepäckbeladung konzipiertes Reiserad mit «großen» (28-Zoll-)Laufrädern. (Im Englischen hybrid = Zwitter genannt, weil es vom Montainbike zwar die Ausstattung, nicht aber die Reifengröße und Rahmengeometrie übernommen hat.)
Stadtrad/Citybike, «Cruiser»	Solides, für den Nahbereichseinsatz konzipiertes und wartungsarmes Rad. Typisches Merkmal: Nabenschaltung (3-, 5- oder 7-

Typ	Beschreibung
	Gang). Unterart: «Citybike» und «Cruiser» (Mischung aus MTB und Stadtrad).
	Auch das trotz seines Gewichtes auf dem platten Lande noch immer beliebte **Holland-rad** muß in dieser Kategorie genannt sein, teilt es doch die meisten Merkmale mit seinen modernen Nachfahren à la Citybike.
Sport- und Rennrad	Hauptsächlich auf Straßen verwendbares Sportgerät ohne größere Beladungsmöglichkeiten. Typisches Merkmal: Rennlenker. Eher zum «Kilometerfresser» als für den «Familieneinsatz» geeignet.

Sollten Ihnen weitere Typenbezeichnungen wie Wander-, Trimm-, Countryräder usw. begegnen, so ordnen sich diese in etwa nach ihrer Wortbedeutung in die obige Tabelle ein. Nur das «Tourenrad» darf nicht wörtlich genommen werden: Hierunter versteht der Fahrradhandel diese schrecklichen schweren, schwarzen und leider nur scheinbar soliden Tretmühlen unserer Altvorderen. Auch das «Leichtlauf»-Fahrrad entzieht sich der Begrifflichkeit: An diesem Rad lief nichts so leicht wie sein Verkauf; tatsächlich brachte dieses Rad, als aluminiumgewordener Traum vom ermüdungsfreien Fahren vermarktet, zum erstenmal die moderne Freizeitgesellschaft auf die Räder. Heute ist dieser Fahr-radtyp durch die technische Revolution, die das Mountainbike in der zweiten Hälfte der achtziger Jahre auslöste, meist in den Fahrradkellern versunken.

Seit das Fahrrad ertüftelt wurde, werden immer wieder Konstruktionen ersonnen, die zusätzlichen Spaß, zusätzliche Schnelligkeit oder einfach «mal was andres» bringen. Ein Teil dieser Räder, wie z. B. das Tandem und das Liegerad, empfehlen sich auch für Eltern mit Kindern. Näheres zu diesen «Sonderkonstruktionen» finden Sie weiter hinten in diesem Kapitel (s. S. 28ff).

Welcher der Typen (von denen es wiederum alle möglichen Hybriden gibt) für SIE der Richtige ist, richtet sich nach dem gewünschten *Einsatzbereich*.

Freund Axel mit Liegerad und Kindern

Von den Fahrradgeräten kommt für Eltern transportbedürftiger Kinder nur das **Stadtrad,** das **Trekking-/Reiserad** und das entsprechend aufgerüstete All-Terrain-Bike bzw. Mountainbike in Frage (wir hatten uns ja darauf geeinigt, von unseren Stahlrössern zumindest Straßenverkehrstauglichkeit und gewisse Sicherheitsreserven zu fordern).

Was erwarte ich von meinem Fahrrad?

Stellen Sie sich z. B. folgende Fragen:
- Will ich das Rad nur in der Stadt nutzen?
- Fahren Kinder mit? Eins? Zwei?
- Will ich öfter mal abseits der Straßen radeln?
- Wie steht es mit der Wartung? Bin ich bereit, hin und wieder «zu schrauben und zu ölen»?
- Stehen *Ausflüge in bergiges Gelände* …
- … oder gar ein *Urlaub* per Fahrrad an?
- Und nicht zuletzt: Welche Preisspanne kommt für mich in Frage?

Erst wenn Sie diese Fragen unter dem Herzen bewegt haben, sind Sie für den Besuch beim Fahrradhändler fit. Denn das Fahrrad für Hans und Erika Mustermann – es existiert nun einmal nicht (Gott sei Dank).

Haben Sie den individuellen Einsatzbereich Ihres Radls wohl bedacht, so schauen Sie sich einmal die Stärken und Schwächen der oben ausgelesenen Fahrradtypen an:

Fahrradtypen im Vergleich

Stärke	Schwäche
Stadtrad	
– Guter Schaltkomfort, vor allem im «Stop-and-go»-Verkehr der Stadt geeignet – Bedienungs- und wartungsfreundlich, Vollkettenschutz – Durch gute Federung, aufrechte Sitzposition und weiten Radstand auf kürzeren Strecken sehr bequem zu fahren	– Relativ hohes Gewicht – Gangschaltung in bergigem Gelände oft nicht ausreichend – Für längere Strecken nicht unbedingt geeignet (Sitzposition, Rahmengeometrie)
Mountainbike (MTB); All-Terrain-Bike (ATB)	
– Gut geländegängig, sehr stabil – Sehr gut am Berg – Durch MTB-Lenker, tiefen Vorbau usw. «sportliches» Fahren möglich – Große Sicherheitsreserven	– Wartungsintensiver als Stadtrad – Für Ungeübte gewöhnungsbedürftige 18-/24-Gang-Schaltung – Gepäckträger, Lichtanlage usw. müssen meist nachgerüstet werden

Stärke	Schwäche

Trekking-/Reiserad

– Für lange Strecken/Rad- touren hervorragend geeignet	– Wartungsintensiver als Stadtrad
– Große Sicherheitsreserven	– Für Ungeübte gewöh- nungsbedürftige Ketten- schaltung
– Gut am Berg	
– Gepäckträger, Lichtanlage usw. serienmäßig vorhanden	

Checkliste Fahrradkauf

Egal, welcher Typ nun zu Ihnen paßt, wichtig ist nur ...

✔ **Die Liebe.** Auch wenn es nur die Abenteuer des Alltags sind, die Sie mit Ihrem Fahrrad bestehen, vielleicht bringen Sie es doch soweit, daß Sie sich für Ihr Fahrrad erwärmen. Dies bringt dann meist ein gewisses Gespür für Funktion und Pflege Ihres Gefährts mit sich. Unter dem Strich werden Sie hiervon mehr profitieren, als Sie denken: Ihr Fahrrad läuft durch die Zuwendung leichter, ist funktionssicher und langlebiger. Und – ob Sie's glauben oder nicht – dieses Gespür kann auch auf Ihr Kind überspringen ...

✔ **Kein Overkill:** Es mag verlockend sein, nach «dem Besten» Ausschau zu halten. Seien Sie jedoch realistisch, was den Einsatzbereich Ihres Fahrrades angeht – wer einmal im Jahr auf einem Feldweg fährt, braucht deshalb nicht gleich ein Mountainbike. (Der Wunsch nach dem «Besten» treibt ja auch bei unseren Auto fahrenden Kollegen amüsante Blüten: Je näher man den Städten kommt, desto mehr «land cruisers» usw. sieht man.)

✔ Der Fahrradmarkt unterliegt in hohem Maße *Moden und Trends* – die Branche tut so, als würde sie jedes Jahr das Rad neu erfinden. Was den Firmen marktstrategisch ins Konzept paßt, wird als großartige technische Innovation angepriesen. Lassen Sie sich von solchen «Fangargumenten» nicht locken: Ob die Felge nun eine Eloxidschicht hat oder nicht, ob das Kettenblatt rund ist oder oval (Entschuldigung, natürlich nicht oval, sondern «bio»-oval oder computerdesigned! ...), das sollte Ihre Kaufentscheidung prinzipiell nicht beeinflussen. Im nächsten Jahr ist sowieso alles wieder anders. Da ist die Eloxidschicht ein alter Hut und die Kettenblätter sind wieder rund wie die Räder im alten Ägypten…

✔ Natürlich will bei einem Neukauf der *Preis* bedacht sein: Qualität kostet Geld. Wenn Sie also zum Fahrradhändler gehen, legen Sie ruhig noch ein paar blaue Scheine zusätzlich ins Portemonnaie – als «Sicherheitsreserve» im wahrsten Sinne des Wortes; unter 1000 DM wird es bei einer Neuanschaffung schwer sein, ans richtige Modell zu kommen.

✔ Egal, welchen Fahrradtyp Sie sich anlachen, die Fahrradmaße müssen Ihrer Anatomie *angepaßt* sein. Hierzu muß zunächst einmal die Rahmenhöhe stimmen, und zwar genau – Fahrradhändler neigen je nach vorrätigem Modell zu «Kompromissen»… Je nach Fahrradtyp und bevorzugter Sitzposition (siehe S. 43) muß außerdem der Vorbau, der Lenker und/oder die Sattelstütze in der Höhe verstellt werden. Ist nämlich z. B. der Lenker zu weit weg oder zu tief eingestellt, so verkrampfen beim Fahren die Streckmuskeln des Oberarms.

✔ Nichts gegen Tchibo, wenn es um Kaffeebohnen geht, aber kaufen Sie Ihr Fahrrad unbedingt im *Fahrradfachhandel*! Nur dort finden Sie die nötige Beratung und die entsprechenden Meßgeräte zur Ermittlung der Rahmenhöhe. Vergessen Sie auch nicht, nach den Serviceleistungen zu fragen (z. B. Generalinspektion). Bei späteren Wartungsarbeiten werden Sie zudem begeistert sein, wenn Ihr Fahrradhändler nicht allzufern von Ihnen firmiert.

✔ Mit den ersten Sonnenstrahlen des Frühlings tritt ins Herz der Menschen ein unstillbares Verlangen nach dem Fahrrad. So treffen sich also im April/Mai alle beim Fahrradhändler. Schade für die, die Beratung wünschen! Unser Tip: Kaufen Sie Ihr Rad im *Winter*. Ihr Händler hat dann seine Nerven noch beisammen, und Sie können in Ruhe Ihre Wahl treffen.

✔ Ihr Fahrrad muß *straßenverkehrstauglich* sein (Beleuchtung, Reflektoren, Schutzbleche, Gepäckträger, Fahrradständer). Insbesondere Mountainbikes werden meist im «Rohzustand» verkauft und müssen dann entsprechend aufgerüstet werden, was ca. 300 DM kosten kann.

✔ Verzichten Sie nicht auf eine längere *Probefahrt*! Sieht Ihr Händler dies anders, so gehen Sie zum nächsten.
Nicht jedes Fahrrad kann in allen Teilen Ihren Wünschen entsprechen. Gute Fahrradgeschäfte werden Ihnen beim *Austausch* von einzelnen Fahrradteilen wie Gepäckträger, Sattel, Lenkergriffe usw. entgegenkommen.

✔ Der *Lack* ist die Haut des Fahrrades. Ist sie einmal verletzt, beginnt die Sterbeuhr Ihres Fahrrads zu ticken. Wichtig ist deshalb eine hochwertige Mehrschichtlackierung oder Pulverbeschichtung. In punkto Lackierung sollten Sie beim Händler hartnäckig nachbohren! (Aber nicht gleich am Fahrradrahmen, etwa mit dem Autoschlüssel…)

✔ *Anlötteile:* Der Rahmen trägt ja nicht nur Ihren Sattel und damit Sie, sondern auch den einen oder anderen Gepäckträger, Schutzbleche, Getränkeflaschen, Fahrradständer usw. Je mehr angelötete Aufnahmevorrichtungen, Bohrungen und Halterungen an Ihrem Rad vorhanden sind, desto praktischer, eleganter und lackschonender läßt sich Ihr Rad auf- und umrüsten. Für Leute, die Touren mit Gepäck vorhaben, sind Bohrungen oder angelötete Gewindeaugen für den tiefgelegten vorderen Gepäckträger wichtig (*Low-Rider* siehe S. 44)!

✔ *Damen- oder Herrenrad?* Obwohl Frauen für die Belange des Radfahrens kaum anders gebaut sind als Männer, wurde ihnen doch ein extra Fahrrad zugedacht: das Damenrad. Der tiefe Durchstieg erleichtert das Auf- und Absteigen (besonders wenn Kindersitze montiert sind) und bietet Raum für flatternde Röcke. Andererseits kann ein Damenrahmen konstruktionsbedingt nicht die Stabilität eines Herrenrahmens erreichen – und diese wiederum ist bei Kinder- und Gepäcktransport entscheidend.

✔ Das Skelett des Fahrrads ist sein *Rahmen.* Das hier verwendete Material (aber auch dessen *Verarbeitung*) entscheidet mit über Qualität, Fahrverhalten, Gewicht und Wiederverkaufswert Ihres Radls (siehe Kasten).

Der Rahmen – Skelett des Fahrrads

Seine Maschine, so schreibt einer der Erfinder des Fahrrads, sei geeignet, «der Jugend gymnastische Übung zu verschaffen». Damals war die «Maschine» auch tatsächlich aus einem anderen Holz geschnitzt als heute, wo Fahrradhersteller gerne mit der Leichtgängigkeit und Bequemlichkeit ihrer Produkte werben: aus Holz nämlich. Heute finden einfacher Baustahl (Massenfahrräder) sowie höherfeste Vergütungsstähle (zumeist Chrom-Molybdän) Verwendung, aber auch Aluminium in diversen Edellegierungen ist stark im Kommen. Die letztgenannten höherwertigen Baustoffe ermöglichen die Verwendung dünnwandiger Rohre und dienen somit der Gewichtsersparnis. Sie sind die in der gehobenen Preisklasse am meisten verwendeten Werkstoffe.

Tips & Fallen

◆ Bei manchen Fabrikaten sind nur einzelne Rohre aus Vergütungsstahl (Chrom-Molybdän), keineswegs das ganze Fahrrad!

◆ Alurahmen sind, auch wenn Sie das überraschen wird, keineswegs immer leichter als Stahlrahmen. Lassen Sie sich also nicht von dem bloßen Argument «Alu-Rahmen» ins Bockshorn jagen!

◆ Die Modewerkstoffe Titan, Titanal und Carbonfasern sind ultrateuer und für den Freizeitbereich kommentarlos zu übergehen.

◆ Die heute sehr häufig verwendeten «oversized»-Rohre sind zwar sehr robust, haben aber die Tücke, daß nicht alle Kindersitzhalterungen daran passen – klären Sie dies gleich beim Kauf!

▨ Die letzten Geheimnisse des Fahrradbaus

Der Rahmenbauer befiehlt über ein ganzes Lager von Rohren: Unterschiedliche Längen, unterschiedliche Dicken, unterschied-

liches Material. Oje, der Arme! Wie haucht er nur dem jeweiligen Rad seinen Charakter ein? Wie macht er ein Rad zum Rennrad, ein anderes jedoch zum Reiserad? Wir verraten Ihnen ein paar seiner Geheimnisse:

Geheimnis Nr. 1

Weiter Radstand = guter Geradeauslauf. Der Abstand zwischen Vorder- und Hinterrad definiert eine wichtige Charaktereigenschaft des Fahrrads: seine Nervosität. Klar, daß wir uns fürs Reiserad einen ruhigen und sicheren Geradeauslauf wünschen. Wer will denn schon, insbesondere mit Gepäckbeladung, ständig mit der Zähmung eines unruhigen, auf Kurven geradezu versessenen Untersatzes beschäftigt sein?

Miguel Indurain auf der Zielgeraden jedoch braucht ein wendiges Geschoß, das auf die leichteste Lenkbewegung freudig reagiert. Er hat sich deshalb einen kurzen Rahmen, d. h. ein Fahrrad mit engem Radstand unter die Muskelpakete geklemmt. Nun gibt es natürlich allerhand Möglichkeiten, ein Fahrrad zu stauchen und zu strecken, denken Sie nur daran, daß der Rahmenbauer einfach ein längeres Oberrohr einziehen könnte, und schon wäre der Radstand gewachsen... Aber nein! Vorher erinnert sich der Konstrukteur an:

Geheimnis Nr. 2

Der Reiseradler braucht Platz fürs
Gepäck – er braucht einen langen
«Hinterbau». Dem Reiserad werden also längere Kettenstreben
spendiert. Ein längeres Oberrohr
dagegen – würde es den Reiseradler nicht in eine viel zu weit nach
vorn gestreckte Haltung zwingen?
Der Reisende will die Welt sehen
und nicht den Asphalt unter seinen Füßen; ein langes Oberrohr
wäre für diese Weltsicht hinder-
lich.

Geheimnis Nr. 3

Ein massives Oberrohr bekämpft
das «Flattern». Wenn der Rahmenbauer das Oberrohr schon
nicht länger machen darf, so darf
er dieses für den Reiseradler dafür massiver machen – das längere
und meist bepackte Fahrrad will
durch dicke Wandstärken oder
einen breiten Querschnitt des
Oberrohres am Flattern gehindert
sein.

   Auch ohne daß wir weitere
Geheimnisse wie das des Steuer-
kopfwinkels oder des Vor- bzw.
Nachlaufs ausplaudern (hierfür
empfehlen wir spezielle Bücher
zur Fahrradtechnik) – Sie werden
sehen, im Rahmenbau ist genug
Platz für Individualität: Sie brauchen «nur» den richtigen Typ für
sich herauszusuchen.

*Noch 1908 wurden Holzräder
angeboten*

Garantiert angeschmiert

«Zehn Jahre Garantie»

stand in großen Lettern auf dem Oberrohr meines ersten Jugend-
rades. Der Lenker ist mir trotzdem gebrochen nach ein paar Jahren. Noch immer zeugt eine dicke Narbe auf meinem Knie von der
lebensgefährlichen Unbedarftheit der Konstrukteure. Und die
«Garantie» bezog sich natürlich nur auf den Rahmen; Gabel- und
Lackschäden sowie Fehler der Ausstattung waren ausgenommen...
Fazit: Garantieleistungen des Herstellers sind freiwillige Verpflich-
tungen, deren Umfang und Bedingungen er selbst bestimmt; hier
interessiert vor allem das Kleingedruckte – erst mit dessen Kennt-
nis können Sie entscheiden, ob Sie sich ob der Großzügigkeit eines
Herstellers vom Hocker reißen lassen.
Fälle wie der oben geschilderte sind inzwischen durch ein neues
Produkthaftungsrecht geregelt, nach dem der Hersteller prinzipiell
für die von seinem Produkt verursachten Schäden aufzukommen
hat (inklusive Schmerzensgeld) – ob eine Garantie von Werksseite
eingeräumt ist oder nicht, ist hierbei unerheblich.
Nichts mit der (freiwilligen) Garantie des Herstellers zu tun hat
die (gesetzliche) Gewährleistungspflicht des *Händlers:* Innerhalb
eines Zeitraumes von sechs Monaten nach Kauf ist dieser verpflichtet, defekte Ware entweder gegen einwandfreie umzutau-
schen, einen Preisnachlaß zu gewähren oder das Kaufobjekt gegen
Rückerstattung des Kaufpreises zurückzunehmen.

Besondere Lösungen: Tandem und Liegerad

Das Tandem

Jeder, der schon einmal mit seinem werten Partner oder seiner
Partnerin auf Tour war, weiß die
herzzerreißenden Urlaubsabende
mit dem Liebsten zu schätzen: Ein
Partner strotzt vor Unterneh-
mungslust, der andere würde sich
am liebsten gleich in den Schlafsack verkriechen oder die Beine
zum Masseur tragen – die körperliche Leistungsfähigkeit ist eben
selbst in den besten Beziehungen
ungleich verteilt.

Gut – Sie verstehen sich prima,
und trotzdem fährt Ihnen Ihr
Partner am Berg davon. Während
Sie keuchend die Pässe erklim-
men, wartet «er» lächelnd bei
einem Glas Bier. Ein Tandem
könnte Sie wieder zusammenbrin-

gen – auf dem Doppelrad gibt es keine Nachzügler. Dies gilt auch für die Fahrt mit Kindern, die durch ein höher gelegtes Tretlager zum Copiloten werden können (siehe S. 81).

Der Mythos, ein Tandem sei wegen der doppelten Besatzung doppelt so schnell wie ein Einzelrad, kommt allerdings vom Milchmädchen: Auf der Ebene meist etwas schneller, ist ein Tandem am Berg recht schwerfällig.

Wegen der extremen Schnelligkeit bei der Abfahrt und der erhöhten Beanspruchung durch doppelte Muskelkraft muß ein Tandem einen vorzüglichen Rahmen besitzen und mit kompromißlos guten Komponenten ausgestattet sein – und dies ist auch der Grund, weshalb sich ein Tandem nur zulegen sollte, wer im Umgang mit der Zweiradtechnik einigermaßen versiert ist und das nötige Kleingeld beisammen hat: unter 3000 DM ist ein «richtiges» Tandem mit einem steifen Rahmen trotz seiner segensreichen Wirkung für die Partnerschaft kaum zu haben.

Eine Familie paßt locker drauf: Tandem in Aktion

Das Liegerad

Die alten Römer hätten es erfinden können: das Liegerad. Von den Enthusiasten wird es als bequemes, schnelles Fahrrad geliebt, durch seinen geringen Windwiderstand ist es auf der Ebene allen anderen Fahrrädern überlegen. Am Berg allerdings wird auch dieses Gefährt von der Schwerkraft eingeholt; liegend fehlt dem Gipfelsturm der letzte Schwung, den die Aufrechtfahrer durch das Aufrichten im Sattel erreichen.

Da es sich um eine wenig konfektionierte Sonderkonstruktion handelt, sollte der Besitzer auch hier gleichzeitig Besitzer minimaler technischer Kenntnisse sein. Kindertransport ist am ehesten mit dem Anhänger möglich, nur wenige Modelle bieten Installationsmöglichkeiten für einen Kindersitz (z. B. Modelle von «Rad-Nabel», c/o D. Baumann, 72070 Tübingen; hier ist auch ein Gepäcktransport vorgesehen).

Checkliste Gebrauchtfahrradkauf

Wie schön es ist, ein neues Fahrrad zu kaufen, haben Sie am Anfang des Kapitels gelesen. Doch muß es immer gleich ein brandneues Fahrrad sein? Hochwertige Fahrräder sind zählebig und erfüllen ihren Zweck auch als Gebrauchtversionen meist besser als die buntlackierten Neumodelle aus dem Baumarkt nebenan. Durch den starken Modedruck auf dem Markt der Neugeräte, aber auch durch das Riesenangebot an gestohlenen Fahrrädern sind Gebrauchtvelos zudem extrem preisgünstig.

✔ **Kaufadresse:** Dubiose Angebote auf die Schnelle (meist extrem günstig) immer ausschlagen. Das Fahrrad ist unter Garantie geklaut; Sie riskieren, daß Ihnen der Bestohlene gleich um die Ecke die Nase einschlägt.

✔ Die beim «Neurad» beschriebenen Qualitätsmerkmale gelten auch für Gebrauchträder, insbesondere muß die Rahmenhöhe und die Haltung auf dem Fahrrad stimmen.

✔ Am Rahmen interessiert vor allem der Rost. Blüht dieser vor sich hin oder blättert der Lack ab, werden Sie an dem Neuerwerb keine Freude haben.

✔ Überhaupt: Ein bescheidener Pflegezustand (Rost an den Komponenten, schwergängige Züge) bringt meist eine bescheidene Lebenserwartung des Rades mit sich.

✔ Funktionen überprüfen: Besonders teuer wäre ein Austausch der Schaltung – die Gänge müssen also korrekt sitzen, die Kette darf nicht «springen»; auch die Bremsen sollten in Ordnung sein, einen Austausch der Bremsbacken, evtl. auch der Züge, können Sie aber verschmerzen. Die Lichtanlage läßt sich meist auch wieder irgendwie in Schwung bringen.

✔ Lager/Naben: «Schlackern» die Räder, die Tretlager, die Pedale oder sind «Achten» in den Felgen, können aufwendige Reparaturen auf Sie zukommen! Handeln Sie den Preis also entsprechend runter oder lassen Sie die Finger davon!

Was Sie schon immer über die Einzelteile des Fahrrads wissen wollten

Als das Leben auf den Straßen noch wild und gefährlich war.
Anzeige aus dem Jahre 1907

Ihr Fahrrad wird Ihnen nur dann ans Herz wachsen, wenn auch seine einzelnen Funktionsteile (Komponenten) richtig ausgewählt sind. Was nutzt das beste Fahrrad, wenn zum Beispiel sein Sattel uns quält?

Natürlich klingen die im folgenden skizzierten technischen Möglichkeiten verlockend. Man steigert sich tatsächlich leicht in die Vorstellung hinein, seinem Idealrad nun alles spendieren zu müssen, was der Markt an superleichtgängigen Naben, an Aerodynamik und hochübersetzenden Schaltungen hergibt, und läßt im Technikwahn den Rubel rollen. Unser Wort zum Sonntag lautet: Es ist ganz nett, ein megasuperleichtes High-Tech-Fahrrad im Keller stehen zu haben. Was jedoch auf dem Asphalt zählt, ist, was man in den Beinen hat und wie es die Pumpe tut (nicht nur die Luftpumpe); ein paar Muskelfasern mehr sind für das Fortkommen allemal wichtiger als ein paar Karbonfasern am Fahrrad.

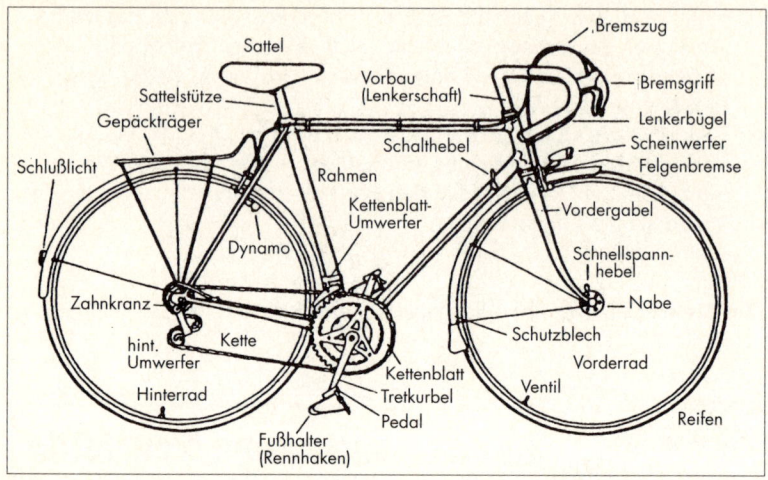

Bremszug
Sattel
Vorbau
(Lenkerschaft)
Sattelstütze
Gepäckträger
Bremsgriff
Lenkerbügel
Schluβlicht
Schalthebel
Scheinwerfer
Felgenbremse
Rahmen
Kettenblatt-
Umwerfer
Vordergabel
Dynamo
Schnellspann-
hebel
Zahnkranz
Nabe
hint.
Umwerfer
Kette
Schutzblech
Vorderrad
Hinterrad
Kettenblatt
Tretkurbel
Ventil
Reifen
Fuβhalter
(Rennhaken)
Pedal

Was alles an einem Fahrrad dran ist

▨ Die Bremsanlage

Der Gesetzgeber schaut das Fahrrad mit strengen Augen an. So fordert er von jedem Fahrrad zwei **unabhängig voneinander** funktionierende Bremsanlagen.

Recht hat er! Denn die Bremsanlage ist Ihre Lebensversicherung. An neuen Rädern sind in der Regel sog. *Cantilever-Bremsen* (auf angelöteten Sockeln angebrachte Felgenbremsen) montiert, die zumindest in den höheren Preisklassen vertrauenswürdig sind. An Stadträdern findet man auch *Trommelbremsen* (ebenfalls meist zuverlässig, wartungsarm; besonderer Vorteil: kein Wirkungsverlust bei Regennässe). Über alle Zweifel erhaben sind

Hydraulikbremsen (in besseren Fahrradgeschäften erhältlich). Wenn Sie sich einer *Rücktrittbremse* anvertrauen wollen (wir würden's nur ums Haus herum), dann nur bei optimaler Wartung und zusätzlicher gut funktionierender Felgenbremse! Rücktrittbremsen haben die Tücke, daß sie nur dann kräftig verzögern, wenn Sie beim Bremsen genau die richtige Pedalstellung «erwischen». Auch ist die Bremskraft vom eingelegten Gang abhängig; zudem können Rücktrittbremsen bei «heißen» Abfahrten blockieren. Für Fahrradreisen sind Rücktrittbremsen deshalb nur bedingt geeignet.

Tips & Fallen

◆ Bremsen, die ein unbepacktes Fahrrad ohne weiteres abbremsen, können bei bepacktem Rad (Kinder!) oder bei Nässe schon in den Abgrund führen. Seien Sie kritisch gegenüber einfachen (Mittelzug- oder Seitenzug-) Felgenbremsen!

◆ Vorsicht bei Stahlfelgen! Deren Riffelmuster wischt bei Regen immer wieder Wasser unter die Bremsklötze; sie bremsten dann wie geschmiert …

◆ Eine Bremse wird erst durch ihre korrekte *Einstellung* sicher. Lassen Sie sich insbesondere die Einstellung von Cantilever-Bremsen genau erklären! Abgenutzte Bremsbacken müssen neu ausgerichtet oder ersetzt werden, sie können sonst bei einer starken Bremsung in die Speichen springen. Nachlässig eingestellte Bremsklötze können den Reifenmantel beschädigen oder gar abkillen.

◆ Bremsklotz und Felgenmaterial müssen aufeinander abgestimmt sein.

◆ Die Bremskraft hängt ganz entscheidend von der reibungsarmen Verlegung des Bremszugs ab: Kurven vermeiden! Sie sollten die Bremshebel mit einem Finger bedienen können!

◆ Trommelbremsen nur an für solche Bremsen zugelassenen Gabeln montieren (Blockierungsgefahr)!

▨ Die Lichtanlage und die Reflektoren

Nichts am Fahrrad ist so langweilig wie die Beleuchtungsanlage. Nicht mal kurz aufblenden kann man vor der Szenenkneipe. Dafür ist die Anlage um so störanfälliger, kurz: Die Beleuchtung am Fahrrad ist ein Armutszeugnis für das ausgehende 20. Jahrhundert.

→ Laut Straßenverkehrsordnung gehört an ein Fahrrad (übrigens auch bei strahlendem Sonnenschein …): (Nach vorne) – Weißer Scheinwerfer und weißer Frontreflektor. (Nach hinten) – Rotes Rücklicht mit Innenverspiegelung und Ruckstrahler sowie roter Großflächenreflektor.

→ Die *Lichtanlage* muß mindestens 3 Watt «bringen»; Pedale und Laufräder müssen mit je 2 gelben *Reflektoren* versehen sein.

Trotz dieser gesetzlichen Auflagen ist das Thema Fahrradbeleuchtung nach wie vor ein dunkles Kapitel. Das geht los mit der störanfälligen Verkabelung und endet manchmal leider in völlig überflüssigen Verkehrsunfällen.

Das Birnlein beispielsweise, das uns Fahrradfahrer sicher durch die Dunkelheit leiten soll, wird in der Autoindustrie gerade mal zur Ausleuchtung des Aschenbechers eingesetzt. Immerhin haben Halogenscheinwerfer und der Einsatz von Reflektoren einen gewissen Fortschritt gebracht.

Seit Omas Zeiten

Seit Opas Zeiten gibt es die seitlich am Reifen laufenden «*Seiten*»*dynamos*. Neuerer Erfindung sind die unter dem Tretlager befestigten *Walzendynamos*. Erstere laufen etwas schwerer, zweitere verschmutzen/korrodieren leicht und nehmen unter Umständen den Platz zum Einbau eines Fahrradständers. Beide neigen dazu, bei Nässe «durchzudrehen». Außerdem gibt es an der Vorderachse zu montierende *Speichendynamos*, die rutschfest und im Stadtverkehr recht zuverlässig sind; hohe Geschwindigkeiten allerdings setzen dem Dynamoleben meist rasch ein Ende. Neuerdings wird von der Firma UNION auch wieder das elegante Prinzip des *Nabendynamos* aufgegriffen; läßt es sich zu günstigen Preisen verwirklichen, wären die Kraftwerksorgen des Alltagsradlers endlich vorbei.

Daß alle Dynamos Kraft schlucken, ja sogar verschlingen, ist ein altes Radlerleid. Hier hinkt die Technik noch deutlich hinter ihren Möglichkeiten her. Es nimmt daher nicht Wunder, daß die batteriegespeisten Beleuchtungsanlagen auf dem Vormarsch sind. Angesicht der Vorteile dieser Methode (Kraftersparnis, Witterungsunabhängigkeit, Standlicht – besonders in der Stadt empfehlenswert!) ist es sicher zu verantworten, wenn sich die ansonsten doch sehr umweltschonenden Radler hier einmal aus der Steckdose unterstützen lassen. Leider sind die akkugespeisten Lichtanlagen bisher lediglich für den nachträglichen Einbau zu haben, was zumindest die Fraktion der Gelegenheitsradler kaum anspricht.

Besser als mit der aktiven Lichtausbeute steht es immerhin um das *Gesehenwerden*, denn mit den *Reflektoren* an Speichen, Schutzblechen und Kleidung steht uns eine Möglichkeit zur Verfügung, das Licht der Autofahrer anzuzapfen. Wenn Sie schon einmal als Autofahrer auf einen gut mit Reflektoren ausgerüsteten Fahrradfahrer geleuchtet haben, dann wissen Sie, daß dieses Zubehör mehr Licht ins Dunkel bringt als jedes Fahrradlicht.

Beliebt sind z. B. Querstreifen, Klettbänder für Hosenbeine und reflektierende Aufkleber, die im sprichwörtlichen «gut sortierten Fachgeschäft» erhältlich sind.

*Tips
&
Fallen*

◆ Vorsicht bei Seitendynamos.
Geraten diese bei lockeren
Befestigungsschrauben in die
Speichen, ist ein böser Sturz
vorprogrammiert! Befestigen
Sie den Dynamo daher vor-
zugsweise an der hinteren
Sattelstrebe! Fahrradhersteller,
die ihre Dynamos am Vorder-
rad anbringen, trachten nach
Ihrem Leben. Bedanken Sie
sich durch Kauf eines anderen
Produkts!

◆ Bessere Seitendynamos sind
mit einer auswechselbaren
Laufrolle ausgerüstet. Sie
müssen den Dynamo dann
nicht gleich in den Müll geben,
wenn das Riffelrädchen
abgenutzt ist!

◆ Halogenscheinwerfer bringen
gegenüber konventionellen
Scheinwerfern die doppelte
Lichtausbeute!

◆ Bauen Sie als stolzer Akku-
Besitzer nicht gleich Ihren
Dynamo ab. Sie könnten ihn
erstens ersatzweise noch
brauchen, und zweitens kämen
Sie damit in Konflikt mit der
Straßenverkehrsordnung, die
das Vorhandensein eines
konventionellen Dynamos
vorschreibt!

◆ Billige Speichenreflektoren

neigen dazu, sich mit Getöse zu
verabschieden (was u. U.
gefährlich sein kann). Kaufen
Sie also entweder diese
Reflektoren zehnerpackweise,
oder lassen Sie sich im Fachhandel bessere Reflektoren
anbieten!

◆ Mountain- und All-Terrain-
Bikes werden in der Regel
ohne Beleuchtung verkauft.
Meist werden dann billige
Batteriefunzeln darange-
klemmt, die ihr Licht schon an
der nächsten Ecke aushauchen.
– Wollen Sie mit Ihrem Rad am
Straßenverkehr teilnehmen,
müssen Sie sich auch für Ihr
Sportgerät nach einer hochwertigen Lichtmaschine mit
amtlichem Prüfzeichen umtun.

◆ Der Seitendynamo muß so
angebracht sein, daß die
Laufrolle in unbetätigtem
Zustand 5–8 mm vom Reifen
entfernt ist. Die (gedachte)
Dynamoachse soll genau durch
den Radmittelpunkt laufen.

Die Schaltung

Ihre Großmutter fuhr noch ohne
Schaltung, Ihre Mutter radelte mit
einer 3-Gang-Schaltung, und zu
unserer Jugendzeit war die 10-
Gang-Kettenschaltung eine Revolution. Jetzt will Ihnen der Händler auf einmal eine 18- oder gar
eine 24-Gang-Schaltung andre-
hen. Was tun? Unser Rat: Wenn
Sie Kinder transportieren, wenn

Sie längere Strecken auch außerhalb der Stadt radeln wollen und ein entspanntes Verhältnis zur Zweiradtechnik haben, kaufen Sie das Ding!

Denn Ihre Freiheit und die Einsatzmöglichkeiten Ihres Fahrrads wachsen dadurch enorm. Ob Sie einen Berg vor sich haben, ob Sie abseits der Straßen radeln wollen, ob Sie einen Kinderanhänger nutzen wollen: mit einer guten Schaltung müssen Sie nicht

wir *Nabenschaltungen* und *Kettenschaltungen*. Nabenschaltungen sind in dicken Hülsen in der Hinterradmitte (in der *Nabe*, wie der Fachmann sagt) untergebracht, wo ein kompliziertes Räderwerk für die unterschiedlichen Übersetzungen sorgt. Wegen der räumlichen Enge ist die Zahl der Gänge bei Nabenschaltungen auf 5, maximal auf 7 (der neueste Schrei) begrenzt. Aus demselben Grund «schlucken»

... Aber eine 18-Gang-Schaltung fahren!

gleichzeitig Mitglied im Wanderverein sein. Denn was beim Fahrradfahren wirklich deprimieren kann, das ist, wenn man den Esel schieben muß. Lächelnd oder zähneknirschend, das bißchen Mehr an Wartungsaufwand werden Sie nach den ersten überwundenen Steigungen auf sich nehmen.

Grundsätzlich unterscheiden

die Nabenschaltungen auch etwas mehr von Ihrer Tretkraft als Kettenschaltungen. Meist ist in einer solchen Nabe eine Rücktrittbremse (siehe S. 32) integriert, so daß eine Entscheidung für die Nabenschaltung in der Regel auch eine Entscheidung für die Rücktrittbremse bedeutet. Die Stärke der Nabenschaltung ist ihre Pflegeleichtigkeit: In der Regel tut sie über viele Jahre ohne besondere Zuwendung ihren Dienst. Auch ermöglicht sie einen Vollkettenschutz, was Ihre Waschmaschine entlastet; die integrierte Rücktrittbremse funktioniert bei Nässe genauso zuverlässig wie bei Trockenheit, was von Felgenbremsen nur bei guter Wartung und Einstellung erwartet werden kann. Für Gelegenheits-Fahrradfahrer ist die Nabenschaltung deshalb sicher eine gute Wahl.

Von Zähnen und Blättern

Bei den Kettenschaltungen drückt ein seitlich am Hinterrad montiertes *Schaltwerk* die Kette beim Gangwechsel von einem Zahnkranz auf den nächsten. Es gibt Schaltungen mit 5, 6, 7 oder 8 Zahnkränzen (man spricht von 5fach-, 6fach-, 7fach- usw. -Zahnkränzen). Am vorderen Kettenblatt, im Bereich des Tretlagers, sorgt ein ähnlicher Mechanismus (der *Umwerfer*) für weitere Möglichkeiten des Gangwechsels. Hier sind dann entweder 1, 2 oder 3 Zahnkränze montiert. Multiplizieren Sie die Anzahl der vorderen mit der Anzahl der hinteren Zahnkränze, so erhalten Sie die Gesamtanzahl der schaltbaren Gänge. Aber schauen Sie sich das besser einmal in natura an!

Sie werden dann auch sehen, daß Nabenschaltungen, da sie in einem Gehäuse untergebracht sind, vor Nässe und Dreck gut geschützt sind. Kettenschaltungen dagegen können verschmutzen und müssen deshalb regelmäßig gepflegt werden.

Mit Hilfe von Kettenschaltungen lassen sich jedoch nicht nur *feinere Abstufungen* Ihres Krafteinsatzes erzielen, sondern auch ein deutlich *leichteres Treten* am Berg! Die hierzu erforderlichen großen Zahnkränze am Hinterrad hätten in der Nabe überhaupt keinen Platz.

Fazit: Wohnen Sie in hügeligem Gelände, radeln Sie größere Strecken, unternehmen Sie gar Touren mit Gepäck, sollten Sie sich zu einer Kettenschaltung durchringen.

18 Gänge zu Ihren Füßen

Sie werden einwenden: «18 oder noch mehr Gänge bedienen, das lerne ich nie».

Sie haben schon schwierigere Dinge gemeistert als das. Denn die heutigen Rasterschaltungen sind, Sie werden uns im nachhinein zustimmen, extrem bedienungsfreundlich!

Sollten Sie jedoch der guten alten Nabenschaltung treu bleiben wollen (deren Übersetzungsbereich deutlich kleiner ist), so seien Sie konsequent und bleiben Sie bei der 3-Gang-Version: Das 5-Gang-Getriebe ist noch immer relativ störanfällig und bringt vom Übersetzungsbereich keine wirklich entscheidenden Vorteile, und ob sich die 7-Gang-Nabe bewährt, muß die Praxis zeigen.

Noch etwas über das Bergfahren.

Das leidige Bergfahren macht den Radjüngern viel Arbeit und kostet viel Schweiß; es muß eben auch gelernt sein. Dazu gehört auch gar nicht viel, wie ich nachweisen will. Zuerst der feste Wille: Diese Steigung muß ich fahren! Eine kleine Uebersetzung, nicht über 75 bei längeren Fahrten. Kräftiges Anpacken der Lenkstange und ordentliches Ziehen daraus, ohne aber zum häßlichen Wackeln mit den Schultern, bzw. dem ganzen Oberleibe überzugehen. Gleichmäßiges, rundes Treten, Absatz hinunter, mehr nach vorwärts treten bei leicht gebeugtem Knie; der Sattel ja nicht zu hoch und lieber mehr nach vorne als nach rückwärts. Atmen durch die Nase bei möglichst geschlossenem Munde. Das ist alles. Wer es noch bequemer haben will, der schaffe sich eine Doppel=Torpedonabe in das Hinterrad an, er kann sicher sein, daß er mit Leichtigkeit mit der kleinen Uebersetzung Bergstraßen befahren kann, die ihn staunen machen. Dafür kommt er mit der hohen Ueber= setzung in der Ebene besser weiter; und Freilauf hat er auch noch dazu. Höher geht es nimmer.   H e i n z   K u r z.

Kräftiges Anpacken der Lenkstange: Bergfahren um die Jahrhundert- wende

 **Tips & Fallen**

◆ Bei den Kettenschaltungen ist ein kompletter *Kettenschutz* (der auch Ihre Hose oder Rock schützt) schwerer zu realisieren als bei einer Nabenschaltung (Beispiel Hollandrad). Es gibt zwar (etwas aufwendige) Lösungen, diese müssen aber in aller Regel nachträglich eingebaut werden. Minimum bei Kettenschaltungen ist ein Kettenschutzring am äußeren Kettenblatt. Zusätzlich sollten Sie Ihre Hosen und Röcke mit Fahrradklammern oder (z. B. reflektierenden) Klettbändern im Zaum halten.

◆ Sie sind sicher der Meinung, allein die *Anzahl* der Gänge sei für Ihr Vorwärtskommen entscheidend. Die Anzahl der Gänge ist aber nur die eine Seite der Medaille. Sicher: Je mehr Gänge Sie haben, desto feinere *Abstufungen* der Gänge stehen Ihnen zur Verfügung. Ihre Trittfrequenz und Ihre Tretkraft können sich damit optimal an die Gegebenheiten des Geländes anpassen. Wie leichtgängig jedoch z. B. Ihr kleinster Berggang ist, das entscheidet nicht die Anzahl der Gänge, sondern die sogenannte *Überset-*

zung. Und hier sind die *Zähnezahlen* (Sie könnten auch sagen: die Größe) der Zahnkränze von Bedeutung. Um z. B. einen sehr leichten Berggang zu haben, müßte der größte Zahnkranz hinten sehr groß sein (z. B. 34 Zähne), der kleinste Zahnkranz vorne dagegen möglichst klein (z. B. 28 Zähne). Der Übersetzungsbereich (Unterschied zwischen dem leichtesten und dem schwersten Gang) hat somit nicht unbedingt etwas mit der Anzahl der Gänge zu tun. Ihr Händler wird Sie hier weiter beraten.

◆ Bei vielen Schaltungstypen bilden Kette, Kettenblätter und Schaltwerk insofern eine Einheit, als sie in ihrer Funktion aufeinander abgestimmt sind. So gibt es z. B. je nach Unterschied des kleinsten zum größten Ritzel unterschiedlich lange Schaltkäfige. Das bedeutet für Sie: Ein freier Austausch der einzelnen Teile ist oft nicht möglich! Auch wenn Sie nur die Kette austauschen wollen: Lassen Sie sich beraten.

◆ Die heutigen Schalthebel (die als *Daumenschalter* oder als *Lenkerendschalter* am Lenker angebracht sind) haben den Vorteil, daß Sie beim Schalten die Hand nicht vom Lenker zu nehmen brauchen. Alles andere ist insbesondere beim Transport von Kindern riskant!

*Seit über 50 000 Jahren ist die Grundform der Laufräder unverändert
geblieben. Es hat sich immer wieder gezeigt: Rund rollt am besten ...*

■ Die Laufräder
und ihre Bereifung

Wie leicht sich Ihr Fahrrad treten
läßt, hängt unter anderem von
seinen Laufrädern ab. Breite Felgen (mit entsprechend breiten
Reifen), tiefes Profil, geringer
Reifendruck: all das macht Ihr
Fahrrad **langsamer**. Andererseits
sorgen breite Reifen für Geländegängigkeit und machen, genauso
wie ein niedriger Reifendruck, Ihr
Rad so richtig bequem (Luftfederung).

An MTBs (Montainbikes)
und an vielen ATBs (All-Terrain-
Bikes) sind von Haus aus breite
Reifen (47–57 mm) montiert. Wollen Sie Ihr Rad jedoch vorwie-
gend auf der Straße nutzen, sollten Sie sich mit 32–37 mm, wenn
Sie's sehr bequem haben wollen,
evtl. auch mit 47 mm Reifenbreite
begnügen. Da es sich optisch gut
macht, sind an Neurädern oft
stark profilierte Reifen montiert.

Solche Stollenprofile erhöhen den Rollwiderstand beträchtlich und sollten nur bei reinen Geländefahrzeugen zum Einsatz kommen. Verlangen Sie zumindest einen Pneu mit unprofilierter Mittelrille.

Eine andere Sache ist der Laufrad*durchmesser*. Es gibt die großen Laufräder mit 28 Zoll (Vorteil auf der Straße) und die kleineren MTB-Laufräder (26 Zoll – Vorteil im Gelände). In der Regel kommen Sie jedoch nicht in die Qual der Wahl – die montierte Vorderradgabel und die Position der Bremssockel lassen einen Austausch nicht zu. Der Unterschied im Alltag ist sowieso unerheblich.

Tips & Fallen

◆ Reifen und Felge müssen zueinander passen, da der Reifen sonst abspringen kann: Zur Abstimmung und Kommunikation mit dem Händler dient die recht verwirrende Zahlenkombination auf der Reifenflanke.

◆ Gerade bei den Laufrädern gilt: Wartung ist alles! Schlecht aufgepumpte Reifen lassen Ihre Kräfte verpuffen, nicht ausgeglichene Achten lassen Sie schlingern und schlucken Bremskraft, falsch mon-

tierte Schläuche können Sie gar Kopf und Kragen kosten. Ein Blick ins Kapitel *Wartung* lohnt sich! (Siehe S. 152).

◆ An den Laufrädern ist das *Material* von entscheidender Bedeutung. Die *Felgen* sollten aus Aluminium sein; diese sind nicht nur leichter und korrosionsbeständiger als Stahlfelgen, sie lassen sich auch, gerade bei Nässe, besser bremsen. Bei den *Speichen* ist rostfreier (Niro-) Stahl zu bevorzugen. Rostfreie Speichen sind nicht nur haltbarer, sondern auch höher beanspruchbar als verzinkte oder verchromte Speichen.

◆ Achten Sie auf genügend Freiraum zwischen Reifen und Schutzblech; Schmutz und Erde könnten sich dort festsetzen und ihr Rad blockieren.

◆ Es gibt drei Arten von Ventilen: Renn- oder Sclaverand-Ventile («französische» Ventile), Dunlop-Ventile («deutsche» Ventile) und Schrader-Ventile («Autoventile»). Nicht jedes Ventil paßt zu jeder Felge (unterschiedliche Bohrlöcher) und erst recht nicht zu jeder Luftpumpe (das Autoventil erfordert z. B. einen speziellen Adapter).

Der Sattel

Ob zu Pferd oder auf dem Drahtesel: dem Sattel vertrauen wir unseren Allerwertesten an. Er vermittelt, zusammen mit dem Rahmen, der Luft in den Laufrädern und den mehr oder weniger angespannten Speichen, die Federung Ihres Fahrrads. Die Damenversion eines Sattels ist entsprechend der weiblichen Anatomie (Beckenknochen) im hinteren Teil deutlich breiter als die Herrenversion. Leider ist das Haupt«problem» der weiblichen Anatomie dadurch noch nicht gelöst: Da die Schambeinbogen bei der Frau flacher ansteigen als beim Mann, werden die empfindlichen Teile der Frau schon bei leichtem Vorneigen des Oberkörpers in der Sattelmitte gequetscht. Die Firma Ideale trug diesem Fakt schon um die Jahrhundertwende durch eine Kuhle in der Sattelmitte ihres Modells «No. 75» Rechnung.

Rennsättel sind schmaler und ungefedert, Tourensättel dagegen mehr oder weniger gefedert.

Tips & Tricks

◆ Der beste Sattel wird zum Foltersitz, wenn Ihr Fahrrad nicht zu Ihnen paßt (falsche Sattelhöhe, falsche Sattelneigung, falsche Sitzposition (siehe unten).

◆ Denken Sie nicht: Je stärker gefedert, desto besser! Gerade eine starke Federung oder Polsterung kann auf längeren Touren Schmerzen in Po und Rücken verursachen. Das entscheidende Kriterium ist nicht die Federung, sondern die Anpassung an Ihre Sitzposition: Schmale, ungefederte Sättel sind bei aufrechter Position (Typ Hollandrad) nicht empfehlenswert. Je weiter vorgeneigt jedoch Ihre Fahrposition ist, um so weniger Komfort verspricht eine Federung des Sattels – Ihr Gewicht wird nun ja auch über die Arme abgefedert, und Ihr Körper selbst nimmt einen federnden «Spannungsbogen» ein.

◆ Ledersättel passen sich sehr gut der Anatomie des Hinterstücks an und stellen noch immer die erste Wahl unter den Sätteln dar! Sie müssen jedoch «eingefahren» werden. Auch sollten Ledersättel regelmäßig gepflegt (Lederfett) und nachgespannt werden (Spannschraube); auf Schutz vor Feuchtigkeit ist lästigerweise auch noch zu achten (Plastiktüte drüberziehen), da sie sich durch Nässe meist in die Breite verziehen. Ledersättel kommen deshalb z. B. dann nicht in Betracht, wenn Ihr Fahrrad ständig im Freien steht.

◆ Seit einiger Zeit befinden sich

sog. *Gelsättel* auf dem Markt mit zum Teil recht überzeugendem Sitzkomfort. Das eingeschweißte Gel drückt sich wie ein Fettpolster zwischen Ihre Knochen. Fahren Sie jedoch öfter mehr als 20 km am Stück, ist ein Ledersattel deutlich überlegen!

◆ Sitzen Sie bei Ihrem Fahrradhändler Probe. Vielleicht entdecken Sie schon im Laden, wo das Leder drückt.

◆ Das Sattelrohr muß **genau** in das Sitzrohr Ihres Rades passen (Es gibt etwa 10 unterschiedliche Durchmesser)! Es kann sonst zu Brüchen kommen.

◆ Beachten Sie unbedingt eine ausreichende Einstecktiefe des Sattelrohres (bei besseren Modellen meist markiert – Minimum 6 cm!). Sie wären nicht der erste, der seinen Rahmen (und evtl. sich selbst) mit dem Sattelrohr ruiniert.

Haltung im Sattel

Sattel, Lenker und Rahmengeometrie bestimmen Ihre **Sitzposition** auf dem Fahrrad. Fahren Sie aufrecht, ist das recht bequem, und Sie haben gute Rundumsicht. Gegen den Wind allerdings und bei längeren Fahrten kommen Sie in leicht nach vorn geneigter Position (ca. 45 Grad) besser und entspannter voran.

Man kann es mit der Windschnittigkeit aber auch übertrei-

ben. Der menschliche Haltungs- und Bewegungsapparat ist seit Jahrmillionen an den aufrechten Gang angepaßt – wer viel und regelmäßig Fahrrad fährt, sollte den Gang der Evolution nicht allzuweit zurückdrehen und wie eine Amphibie auf dem Fahrrad hängen. Die Bandscheiben, die für eine optimale Dämpfung nur bei vertikaler Belastung ausgelegt sind, werden es Ihnen danken. Auch führt eine übertrieben nach vorn geneigte Position zu Verspannungen der Nacken- und Rückenmuskulatur.

■ Der Lenkerbügel

Die Wahl des Lenkerbügels hängt von Ihren Sitzgewohnheiten (siehe oben) ab. An den neuen Rädern sind in der Regel gerade oder leicht nach hinten geschwungene Sportlenker montiert. Wollen Sie aufrechter sitzen (Typ Hollandrad), wäre ein recht weit nach hinten geschwungener Standardlenker (Gesundheitslenker) zu empfehlen. Ihr Rücken und Nacken bleiben dabei entspannt. Wollen Sie's dagegen sportlich oder unternehmen Sie lange Reisen, sollten Sie die Verwendung eines Rennlenkers (z. B. *Randonneur*bügel) überlegen. Er ist vielleicht anfangs gewöhnungsbedürftig, bietet jedoch eine Vielzahl von Griffpositionen.

Tips & Fallen

des Fahrrads den Vorbau *niemals* weiter als bis zu der am Schaft markierten Höchstmarke heraus!

◆ Wenn Sie Kinder auf einem Sitz hinter dem Lenkerbügel transportieren, werden Sie sowohl mit Rennlenkern (zu tief, Ihr Kinn schlägt auf den Kopf des Kindes) als auch mit Standardlenkern (eingeschränkte Manövrierfähigkeit bei engen Kurven) Schwierigkeiten bekommen. Wählen Sie relativ gerade Modelle.

◆ Vorsicht bei Alu-Lenkern! Wandstärken über 2 mm und eine Markenkennzeichnung sind in jedem Fall zu fordern. Niemals zurechtbiegen (z. B. nach einem Unfall) – Bruchgefahr!

◆ Überbreite Lenker sind nur im Gelände zu empfehlen (MTB). Ansonsten sollte die Lenkerbreite in etwa der Schulterbreite entsprechen – ein zu breiter Lenker kostet Schulterkraft.

◆ Um an geraden Bügeln die Zahl der Griffpositionen zu erhöhen, lassen sich an die Lenkerenden sogenannte *end bars* («Hörnchen») montieren, die die Griffmöglichkeiten nach oben und vorne erweitern.

◆ Ziehen Sie bei der Einstellung

▨ Der Gepäckträger

Der Hinterradgepäckträger wird Ihnen bekannt sein; weniger bekannt sind die seitlich und tief am vorderen Laufrad befestigten «Low-Rider»-Gepäckträger. An ihnen können Packtaschen so tief befestigt werden, daß sie die Lenkung nur wenig beeinträchtigen. Gerade für den Familienausflug oder den Fahrradurlaub kann eine solche zusätzliche Lademöglichkeit eine entscheidende Hilfe sein. Weitere Aufnahmemöglichkeiten für Gepäck können Sie durch einen konventionellen Vorderrad-Gepäckträger und durch Lenkertaschen schaffen.

Es gibt Gepäckträger aus Aluminium und aus Stahl, wobei gut gearbeitete Stahlträger nicht schwerer sein müssen als Alu-Träger. Egal ob Alu oder Stahl: stabile und gleichzeitig leichte Träger sind teuer. Ein Qualitätsmerkmal für Aluminium-Hinterrad-Träger sind die Anzahl der seitlichen Streben (bis 3). Spätestens bei der Montage des Gepäckträgers werden Sie die angelöteten Aufnahmevorrichtungen (siehe S. 25) schätzen lernen.

Ehrlich wahr:

→ Für gute Gepäckträger ist die **Tragfähigkeit** ausgewiesen. 3 Klassen: bis 10, bis 18, bis 25 kg Belastung. Und wenn Sie nur eine Tasche draufschnallen: 20 kg sollten es schon sein … Rütteln Sie an dem Träger: je weniger er seitlich nachgibt, desto stabiler ist er.

→ Im übrigen werden Sie die Qualität auch vom geplanten Einsatz des Gepäckträgers abhängig machen. Wenn Sie bedenken, daß manche Kindersitze auf den Gepäckträger montiert werden, werden Sie keine Kompromisse eingehen.

→ Falls Sie doch noch eine Afrika-Safari unternehmen sollten: Auf Reisen haben Stahlgepäckträger den unschätzbaren Vorteil, daß sie überall geschweißt werden können!

▪ Der Fahrradständer

Die Stunde der Wahrheit für Ihre *Abstellstütze* kommt, wenn Ihr Fahrrad einmal in vollbepacktem Zustand sich selbst überlassen wird (natürlich nie mit Kindern darauf!). Es gibt Einbein- und Zweibeinständer, wobei letztere besonders geeignet sind, da sie das Rad nach beiden Seiten abstützen. Gut steht Ihr Fahrrad auch mit dem neueren, an der Hinterachse montierten Seitenständern.

Tips & Fallen

◆ Beim Kauf der Abstellstütze immer Ihren Fahrradtyp und Laufradgröße angeben (unterschiedliche Stützenlängen)!

◆ Hat Ihr Fahrrad einen Rollendynamo oder eine sog. U-brake, kommt eine Ständermontage nur an der Hinterachse in Frage. Hat es dagegen eine hintere Trommel- oder Rücktrittbremse, kommt nur die Montage am Tretlager in Frage.

▪ Naben, Tretlager, Steuersatz

Diese Teile gehören zum «Innenleben» Ihres Fahrrads – und so wie Sie das Innere Ihrer Uhr nicht unbedingt kennenlernen wollen, werden die meisten von Ihnen auch nicht das letzte Verständnis für diese Funktionsteile erwerben wollen.

Den drei «drehenden» Teilen Nabe, Tretlager und Steuersatz ist gemeinsam, daß eine Wartung recht zeitaufwendig ist und eigentlich nur für Fahrradbastler in Frage kommt. Zudem wird nicht jeder in seinem Keller das entsprechende Spezialwerkzeug eingebunkert haben.

Das Tretlager

Das *Tretlager* ist eine kugelgela-
gerte Welle, die die beiden Tretkurbeln miteinander verbindet.
Die Lager sind heutzutage meist
einheitlich gekapselt und schon
vom Werk auf «Lebenszeit» (des
Teiles, nicht des Käufers …) geschmiert und eingestellt, so daß
dieses Teil selten nervt. Falls Sie
es doch einmal austauschen müssen, sollte Ihr Händler mitmi-
schen – es gibt eine Vielzahl von
Achsbreiten.

Wichtig für Sie ist eher die Frage, ob die Kurbel *vierkant*befestigt oder *keil*befestigt ist. Bei der
Keilbefestigung ragt ein durch das
Kurbelende geschlagener Bolzen
aus der Kurbel und greift sich mit
Vorliebe flatternde Hosenbeine
und zerreißt diese – rrrratsch!
Auch lockern sich die Keilverbin-
dungen wegen des durchweg verwendeten minderwertigen Materi-
als gerne – Ihre Tretkurbeln
«schlackern» dann. Wählen Sie
deshalb stets die modernere Vier-
kantbefestigung, man muß sein
Fahrrad ja nicht störrischer machen, als es ist.

Die Nabe

Was eine *Nabe* ist, haben Sie bereits bei der Schaltung gelesen
(siehe S. 36). Welche Nabe bei
Ihrem Fahrrad zur Verwendung
kommt, hängt u. a. von der Wahl
des Bremstyps (Rücktrittnaben,
Trommelbremsnaben, siehe S. 32)
und der Schaltung (3-Gang-
Nabe, 5-Gang-Nabe, 7-Gang-
Nabe, siehe S. 37) sowie von den
Launen des jeweiligen Chefein-
käufers der Herstellerfirma ab.

Haben Sie sich entschlossen,
den vollen Schaltungsspielraum
der Moderne zu nutzen, und sich
eine Kettenschaltung zugelegt,
so werden Sie entweder eine
Nabe konventioneller Bauart
(der Zahnkranz ist aufge-
schraubt, Freilauf ist im Zahnkranz integriert) oder eine *Kas-
settennabe* (der Zahnkranz ist
aufgesteckt, Nabe und Freilauf
bilden eine Einheit) Ihr eigen
nennen – die Qualitätsunterschiede dürften sich bei Normal-
nutzung kaum bemerkbar machen. Bei starker Beanspruchung
jedoch (z. B. Radreise mit Gepäck) muß es dann schon eine
«Kassette» sein – durch das weit
nach außen plazierte rechte
Kugellager sind Sie vor Achs-
brüchen so gut wie sicher; außerdem läßt sich das Ritzelpaket
leichter demontieren. Was genial
ist, ist eben gut.

Tips
&
Fallen

◆ Bei einem eventuellen Austausch ist zu berücksichtigen,
daß die Einbaubreite der

Hinterradnabe zum Rahmen paßt.

◆ Durch verschiedene Ritzelformen und Kerbungen (z. B. «Hyperglide») versuchen die Hersteller, einen möglichst hohen Schaltkomfort zu erreichen. Kette und Ritzelpaket müssen bei solchen Systemen allerdings aufeinander abgestimmt sein!

Der Steuersatz

Der *Steuersatz* (auch Gabellager genannt) ist dasjenige Teil, das Ihnen erlaubt, Ihren Lenker butterweich nach rechts oder links zu drehen. Natürlich besteht es wie alle rundlaufenden Teile des Fahrrades aus Lagern, meist Kugellagern, die zum einen am unteren Ende ihres Steuerrohres direkt über der Gabel, zum anderen am oberen Ende des Steuerrohres angebracht sind. Probleme mit dem Steuersatz äußern sich in einer «schlackernden» Gabel (vor allem beim Bremsen) und sind meist nicht im Do-it-yourself-Verfahren zu lösen.

■ Die Pedale

Wahrscheinlich kennen Sie die Gummiblockpedale, von denen Sie schon als Kind immer wieder abgerutscht sind. Dies würde Ihnen bei den heute vor allem an Mountainbikes eingebauten «Bä-

rentatzenpedalen» und den Rennpedalen (ganz aus Metall) nicht passieren. Dafür ist das Barfußfahren und das Fahren mit leichtem Schuhwerk nur noch einem Fakir möglich.

Neuerer Entwicklung sind die «Sicherheitspedale», die mit einem Spezialschuh gefahren werden, der mittels Adapter in das Pedal einrastet. Nun ist das Tragen von extra Fahrradschuhen mit meist geringem Tragekomfort nicht jedermanns Sache; außerdem schlägt der Preis alle Erwartungen.

An Block- und Rennpedale sowie an viele moderne MTB-Pedale lassen sich Rennhaken anbringen, die eine bessere Kraftübertragung und einen runden Tritt, z. B. auf längeren Touren, ermöglichen. Allerdings kommt ihr Gebrauch nur für Geübte in Frage, da die Riemen vor dem Anhalten mit sicherer Hand geöffnet werden müssen.

Tips & Fallen

◆ Niemals sollten abgewetzte oder von Haus aus schlecht profilierte Gummiblockpedale mit glatten Schuhen gefahren werden. Insbesondere bei Nässe ist hier ein unfallträchtiges Herunterrutschen vorprogrammiert (mit allen Folgen für Unterleib und den Rest des Körpers).

◆ Genauso wichtig wie die Rutschfestigkeit sind die Pedalreflektoren, die praktisch an alle Modelle angeschraubt werden können.

Das Fahrradschloß

Das Fahrrad fügt sich in den allgemeinen gesellschaftlichen Trend ein: Immer mehr Geld und Energie bleiben für an sich unproduktive Sicherheitsmaßnahmen auf der Strecke … Aber es gibt so viele unter uns, die ihres Nächsten Fahrrad begehren, immerhin werden pro Tag allein in der Bundesrepublik tausend Fahrräder gestohlen.

Tips & Tricks

◆ Ein gutes Schloß ist nur dann eine gute Diebstahlsicherung, wenn es benutzt wird.

◆ Lassen Sie Ihr Rad bei der Polizei an Ihrem Wohnort registrieren.

◆ Ein Schloß muß in jedem Fall so konzipiert sein, daß das Fahrrad an Straßenlaternen, Pfosten usw. **angeschlossen** werden kann. Am Fahrrad selbst angebrachte sogenannte Speichenschlösser sind unzureichend.

◆ Diebe sind oft schon mit Teilen Ihres Fahrrades wie Sattel und Vorderrad zufrieden. Tauschen Sie Schnellspannmuttern deshalb gegen Inbussicherungen aus. Sichern Sie hochwertige Sättel zumindest in den Großstädten mit einem zusätzlichen Kabelschloß.

◆ Einfache Zahlenschlösser und dünne Kabelschlösser sind für Profis nur Kosmetik. Hochwertige Fahrräder sollten mit hochwertigen Schlössern gesichert werden, z. B. mit robusten Bügelschlössern mit aufbohrsicheren Zylindern oder mit verstärkten, ummantelten Kabelschlössern. Die Eckwerte der Sicherheit liegen damit bei ca. einem Kilo Gewicht und rund 100 DM. Mancher leidgeprüfte Fahrradfahrer ist dazu übergegangen, sein neues Fahrrad gleich zu übertünchen – der drastisch sinkende Wiederverkaufswert läßt die Klauer vielleicht zum chromglänzenden Nachbarfahrrad weitergehen.

◆ Wer seinem Schloß nicht traut: von den verschiedensten Organisationen (z. B. VCD, ADFC) werden Fahrradversicherungen angeboten, zu den Bedingungen gehört aber wiederum eines: Die Sicherung des Fahrrades durch ein zuverlässiges Schloß … (Adressen im Anhang). Auch in Hausratversicherungen sind

Fahrräder z. T. mitversichert, der Versicherungsschutz ist jedoch in der Regel durch vielfältige Sonderklauseln eingeschränkt (in manchen Tarifen müssen Fahrräder beispielsweise zwischen 6 und 22 Uhr in abgeschlossenen Räumen aufbewahrt werden). Eine kleine Markterkundung mit Blick in die jeweiligen Geschäftsbedingungen lohnt sich!

Der Fahrradhelm für groß und klein

Kaum ein Thema hat die radfahrende Öffentlichkeit in den letzten Jahren so stark gespalten wie der Fahrradhelm. Fühlten sich die einen ihres postmodernen Freiheitsgefühles beraubt und in eine Art Ritterrüstung zurückgestoßen, so geißelten die anderen das Fahren «oben ohne» als Sünde wider die Gesundheit. Flugs mischte sich auch noch der Gesetzgeber in die Diskussion ein mit der Ankündigung, er wolle nun ernsthaft über die Helmpflicht bei Radfahrern nachdenken.

Gestatten Sie uns zunächst einmal, das Für und Wider eines Fahrradhelmes nüchtern und ohne Polemik abzuwägen:

Gut gerüstet im Straßenverkehr (in den diese kleinen Wichte eigentlich nicht gehören!)

Pro:

75 Prozent der Fahrradunfälle mit tödlichem Ausgang sind Kopfverletzungen zuzuschreiben. Dieses Risiko wird laut einer Studie von US-Medizinern um 75 bis 85 Prozent vermindert, wenn man einen Kopfschutz trägt. Es wundert daher nicht, daß z. B. viele skandinavische Schulen eine Helmpflicht für diejenigen Kinder eingeführt haben, die den Schulweg per Fahrrad zurücklegen.

Contra:

Wie beim Motorradfahren, so verunglücken auch im Fahrradverkehr vor allem Draufgänger und Raser. Helme sollten deshalb von Sportradlern getragen werden, nicht jedoch von Alltagsradlern.

Pro:

Dieses Argument gilt sicher nicht für Kinder. Kinder sind aufgrund ihrer Unreife noch kaum zu einem vernünftigen, unfallsvermeidenden Fahren in der Lage (siehe S. 90).

Contra:

Muß man für die Radfahrer denn auch noch die letzten Freiheiten einschränken? Das Gefühl der Nähe zur Natur, der Wind in den Haaren – das ist ja gerade der Grund, weshalb viele von uns das Fahrrad besteigen! Und: Die Auswahl der Route auf Fahrradwegen ist für die Sicherheit entscheidender als das Tragen eines Helmes.

Pro:

Die heutigen Fahrradhelme, die eigentlich aus nichts anderem als einem hochwertigen Styropor bestehen, sind so komfortabel und mit Lüftungsschlitzen versehen, daß kaum eine Einbuße an Freiheit zu verzeichnen ist. Auch schützen Helme isolierend gegen die schädliche Sonneneinstrahlung, im Winter schützen sie vor allzu großem Wärmeverlust.

Contra:

Die Uniformierung greift um sich. Kaum erkennt man mehr seinen Freund, seine beste Freundin – alle haben einen Deckel drauf.

Machen wir uns nichts vor

Auch wenn es gute Gründe gegen den Topf auf dem Kopf gibt – er ist unter dem Strich doch ein entscheidendes Plus für die Sicherheit auf dem Fahrrad. Von einer Helmpflicht allerdings halten wir – zumindest für Erwachsene – wenig: Wenn schon gesetzgeberische Initiativen, so ist es sicher zukunftsweisender, vernünftige Radwege zu bauen als eine Helmpflicht einzuführen. Zu sehr riecht eine solche Verordnung nach einer Verlagerung der Verantwortlichkeiten: Anstatt den Autoverkehr zu bändigen, wäre es der einzelne Radfahrer, der in seiner Rüstung den Kampf mit dem Autoverkehr bestehen muß ...

Und Sicherheit ist relativ – es gibt jetzt schon viele, die die entspiegelte Fahrradbrille als absolutes Muß für den sicherheitsbewußten Fahrradfahrer fordern. Das mag weitergehen mit einem Knieschutz, Schulterschutz, Ellbogenschutz usw., bis dann ein kleiner Knuff mit dem Kotflügel auch wirklich niemandem mehr schadet und der Autoverkehr seiner gewohnten Wege gehen kann, auch ohne den letzten Rest an menschlichem Maß.

Fahrradhelme und Kinder

Die Welt des Verkehrs ist nicht die Welt unserer Kinder. Schnelle Entscheidungen, Voraussicht in brenzligen Situationen – all das gehört nicht zum Repertoire der Kleinen. Schon die nackten Zahlen machen angst: 15 000 Kinder-Fahrradunfälle pro Jahr, davon mehr als 100 tödlich. So gespaltener Meinung man zur Helmpflicht für Erwachsene sein kann, so selbstverständlich sollte deshalb der Helm auf Kinderköpfen sein.

Schwierig wird es allerdings, wenn ein Erwachsener für seine Kinder auf der Pro-Seite steht, für sich selbst jedoch auf der Contra-Seite ... Hier muß dann entweder echte Überzeugungsarbeit geleistet oder der Konflikt apodiktisch geregelt werden: So wie Kinder, bis sie erwachsen sind, nicht zur Wahl gehen dürfen, so müssen sie eben einen Helm tragen – na, dann viel Spaß beim Diskutieren ...

So funktioniert der Helm

Alle Helme sind aus weichen Kunststoffen, meist aus Polystyrol, gepreßt. Diese Kunststoffe nehmen beim Aufprall die Energie auf; dabei verlieren sie allerdings ihre Dämpfungseigenschaft, auch wenn äußerlich keine Verformung zu erkennen ist. Der Helm muß also nach jedem Sturz ausgetauscht werden. Man sollte deshalb Kinder auch dazu anhalten, mit dem «Panzer» etwas vorsichtig umzugehen – er sollte z. B. lieber abgelegt als in die Ecke geschleudert werden ...

Die Anpassung an den Kopf er
folgt durch Polstereinlagen, die
mittels Klettbändern im Helmin-
neren befestigt werden. Dies ist
insbesondere bei Kindern wichtig,
da der Helm durch verschieden
dick gewählte Pads mitwachsen
kann. Auch paßt im Winter auf
diese Weise z. B. noch eine Mütze
unter den Helm.

Ist der Tragekomfort schon
recht weit entwickelt, so ist das
An- und Abschnallen bei den meisten Helmen etwas pfriemelig. So
können die verwendeten Patent-
verschlüsse z. B. meist erst von
größeren Kindern bedient werden
(was in bezug auf die ganz Kleinen
im Kindersitz womöglich ein positi-
ver Effekt sein kann …).

Schon die Kleinen

Besonders Kinder, die im Kindersitz bei den Eltern mitfahren, sind
gefährdet. Die Helme für diese
«Käufergruppe» sind in der Regel
weiter über die Ohren gezogen und
bieten so einen zusätzlichen Schutz
bei seitlichem Aufprall. Auch halten sie den Kopf im Winter schön
warm. Später, wenn es auf dem
eigenen Fahrrad darauf ankommt,
die Geräusche des Straßenverkehrs
wahrzunehmen, bleiben die Ohren
dann frei.

Im Gegensatz zu sonstigem Sicherheitszubehör (siehe S. 59) wird
der Helm von Kindern recht gut
akzeptiert. Er entspricht dem
Wunsch nach etwas Besonderem,
Auffälligem, Rennfahrermäßigem.

Auch sind inzwischen der Farb-
auswahl und Dekorierung kaum
Grenzen gesetzt.

Der Helmkauf

Das wichtigste Kriterium ist, daß
der Helm paßt. Nur so verrutscht
er beim Sturz nicht und kann
sich als Panzer für das Gehirn
betätigen. Um «Ihren» Helm zu
finden, müssen Sie deshalb ein
Fachgeschäft ansteuern, das
mehrere Modelle zur Auswahl
bereithält. Auch gehört zu dem
Topf ein Minimum an Informationen, die der meist in englisch
gehaltenen Gebrauchsanleitung
– so diese beiliegt – meist nur
schwer zu entlocken sind. Nun
geht die «Beliebtheit» der Fahrradhelme inzwischen so weit, daß
Helme auch in Spielwarenge-
schäften und im Kaffeefachhan-
del angeboten werden; darunter
muß die Beratung natürlich leiden.

Am besten passen Sie die
Schaumstoffpolster schon beim
Händler in den Helm ein. Im
Fachgeschäft kann auch geprüft
werden, ob der Kinnriemen richtig einstellbar ist. Dies ist insbesondere bei Helmen mit «gega-
belten» Riemen für die kleinen
Kinder nicht immer möglich.
Ein zweites wichtiges Kriterium
ist, daß die Tauglichkeit des
Helms durch unabhängige Insti-
tute geprüft und bestätigt wird.
Solche anspruchsvollen Prüfun-
gen werden z. B. von

– der amerikanischen Snell Memorial Foundation
– der schwedischen Materialprüfungsbehörde (KOVFS) sowie vom
– TÜV Rheinland-Pfalz

durchgeführt und durch entsprechende Siegel bestätigt.

Das Prüfsiegel des Allgemeinen Deutschen Fahrradclubs legt zusätzlich Wert auf Tragekomfort, Robustheit im Alltagsgebrauch, Anpassung an Kopfgröße und Kopfform, Reinigungsmöglichkeiten, Preis-Leistungs-Verhältnis.

 Der Hinweis auf die Erfüllung irgendwelcher Normen (ANSI, DIN etc.) sagt noch nicht viel, da der Hersteller dies auch ohne Prüfung behaupten kann!

Der Umgang mit dem Helm

• Es ist entscheidend, daß der Helm richtig auf dem Kopf getragen wird. Sitzt er zu weit in der Stirn, schränkt er die Sicht ein, sitzt er zu weit im Nacken, schützt er den Kopf bei einem frontalen Aufprall nicht.
• Der Kinnriemen ist kein Kinnschutz wie wir ihn etwa von den Eishockeyspielern kennen. Das Kinnriemenpolster soll *unter* dem Kinn sitzen, nicht *auf* dem Kinn!
• Ein Helm kann im Falle eines Falles nur dann nicht verrutschen, wenn der Kinnriemen überhaupt geschlossen und fest angezogen ist.
• Auch wenn die Kinder mit ihren allgegenwärtigen Aufklebern den Helm gerne verschönern würden, sollten sie dies nicht tun. Denn Lösungsmittel (übrigens auch bei der Bemalung) können die Oberflächen zerstören. Manche Firmen beugen dem vor, indem sie eigene Aufkleber mitliefern, welche dann verwendet werden dürfen. Auch sollten Helme nicht in der prallen Sonne liegengelassen werden. Zum Reinigen wird ein feuchtes Tuch verwendet.
• Helme werden nur dann gerne getragen, wenn sie auch wirklich leicht sind. Gute Helme, auch solche mit einer harten Schale, wiegen heute kaum mehr als 300 g.
• Ob ein Helm nun noch von einer dünnen harten Schale überzogen sein sollte (Hartschalenhelm) oder nicht (Softschalenhelm, «soft shell»), bleibt Ansichtssache. Hartschalenhelme sind etwas schwerer, etwas weniger luftig und verlieren dadurch ein wenig an Komfort, was die Akzeptanz des Helmes verringern könnte. Auf der anderen Seite könnte er bei einem Aufprall für zusätzliche Sicherheit sorgen. Auch verschmutzen Hartschalen weniger, greifen weniger ab

und leiden damit weniger unter den Alltagsbelastungen. Dazwischen gibt es noch Mikroschalenhelme («micro shell»): Helme, die von einer stabilen Folie überzogen sind und die zumindest in der Theorie die Vorzüge beider Typen vereinigen.

Man sollte diese Details sicher nicht überbewerten. Oben mit oder oben ohne ist die wesentliche Entscheidung.

Informationen zum Thema Helm

Der ADFC stellt grundlegende Informationen zu Fahrradhelmen in einem Faltblatt dar. Verbreiteter jedoch dürften die allgegenwärtigen Testergebnisse von Autoritäten wie «test», TÜV, ADAC usw. sein.

Ein Wort zu solchen Ergebnissen: Immer wieder werden zu einzelnen Fahrradteilen wie auch zu Komplettfahrrädern Testergebnisse veröffentlicht. Die Deutschen sind ein Volk von Testern, und das Prüfsiegel scheint psychologisch das preußisch-deutsche Amtssiegel zu ersetzen. Hersteller und Händler zittern gleichermaßen vor den Prüforgien, die mit ausgetüftelten Maschinen «objektive» Meßergebnisse zutage fördern. Aber sind die Testmethoden auch noch so ausgeklügelt, die gewonnenen Daten müssen doch bewertet werden, und eben deshalb raten wir jedem, die Testergebnisse nicht allzu bierernst zu nehmen.

So hatte sich z. B. ein namhafter Testveranstalter der Fahrradhelme angenommen. Da die Leichtigkeit des Helms sehr hoch bewertet wurde, handelten sich glatt alle Hartschalenhelme Noten um 4,0 ein, obwohl durchaus gute Argumente für die Hartschalenversion vorgebracht werden können (s. o.).

Auch wurde plötzlich die Verdeckung der Ohren gefordert, was dazu führte, daß auch Helme, die für selbstfahrende Kinder wegen der Geräuschdämpfung ungeeignet sind, zu Rang und Ehren kamen.

Fazit: Auch wenn es verständlich ist, daß sich der Käufer seine Wahl durch ein Testurteil erleichtert, sollte das zu kaufende Produkt doch immer wieder mit eigenen, persönlichen Kriterien gemessen werden. So war denn auch der Helm mit den wenigsten Abstrichen im Test für Kinderhelme eigentlich gar kein Kinderhelm. Und er kostete immerhin 140 DM.

Das Kinderrad

Seien wir einmal ehrlich: An ein Kinderrad wird meist keine andere Anforderung gestellt als die, daß es billig sein soll. So sieht es auf dem Kinderfahrradmarkt chronisch düster aus. Als der Allgemeine Deutsche Fahrradclub vor nicht allzu langer Zeit ein Kinderrad in seinem Wettbewerb «Fahrrad des Jahres» vorstellen wollte, suchte die Jury vergeblich. Aufgrund des schlechten Marktangebotes weigerte sie sich, die Ehrung überhaupt zu vergeben.

Auch heute noch sind die meisten Kinderräder schlicht und einfach untauglich. Das liegt vielleicht daran, daß sich das Kinderrad in einer Grauzone bewegt:

Einerseits ist es *Spielgerät*, und die kleinen Benutzer sind ja zu Recht bis zu ihrem neunten Lebensjahr von der Benutzung der Straße ausgeschlossen. Andererseits ist das Kinderrad von Anfang an ein veritables *Fortbewegungs- und Transportmittel*, und sei es nur, um den Teddy zum Nachbarskind zu fahren.

Ab dem neunten Geburtstag schaut Justitia mit anderen Augen auf das Kinderrad: Die Kinder müssen von den Gehwegen auf die Straße wechseln. Damit unterliegt das Kinderfahrrad denselben Richtlinien der Straßenverkehrsordnung wie das Erwachsenenfahrrad.

Fahrräder in den Kinderschuhen

Für die meisten Fahrradhersteller ist das Kinderrad zum Rationalisierungsobjekt geworden: Da wird munter zusammengeschweißt und -geschraubt, was an Billigteilen auf dem Markt zu kriegen ist, Plastikhülsen ersetzen das Tretlager, die Bremsen gehen schwer – was meistens unerheblich ist, denn die kleinen Kinderhände erreichen die für Erwachsenenpranken ausgelegten Griffe sowieso nicht.

Nun ist die Nachfrage von Elternseite allerdings auch nicht gerade von der erlesenen Sorte. Denn ein Kinderrad ist keine Anschaffung fürs Leben – normalerweise muß es alle drei Jahre durch ein größeres Exemplar ersetzt werden. Daraus leiten viele Eltern ab, daß es das «einfachste» Modell tut; das Rädle wird dann meist im Supermarkt zu Steaks und Windeln in den Wagen gepackt.

Die Sicherheit des Kindes jedoch gibt es nicht zu Discountpreisen. Wir finden: Die 50 oder 100 DM, die ein gutes Rad von einem schlechten trennen, sind für das Wohlergehen Ihres Kindes gut angelegt. Können Sie das Geld nicht aufbringen, kaufen Sie lieber ein vernünftiges Gebrauchtrad – Kinder haben da (meist) keine Vorurteile.

Ab welchem Alter?
Die Evolution des Menschen verläuft vom Tragerucksack in den Kindersitz und dann direkt auf den eigenen Sattel. Ein Fahrrad sollte dann angeschafft werden, wenn die Kleinen auf dem Erwachsenenfahrrad nicht mehr mitfahren wollen und sich der Aktionsradius des Kindes so weit vergrößert hat, daß auch psychologisch ein entsprechen des Gefährt «dran» ist. Dies dürfte meistens im vierten oder fünften Lebensjahr der Fall sein, wenn die Kinder schon groß und kräftig genug für ein solches Maschinchen sind. Denn die Fahrräder wiegen zu Beginn der Radlerkarriere oft mehr als die Hälfte des Körpergewichts, da kann schon der Bordstein zum Problem werden. Es darf spekuliert werden, wie wir Erwachsenen uns bei ähnlichen Gewichtsrelationen anstellen würden.

Tips für den Fahrradkauf

Ob gebraucht oder nicht: es ist nicht unerheblich, wo ein solches Rad gekauft wird. Denn von fünf Händlern weiß leider nur einer etwas mehr über das, was er verkauft, als den Preis. Auch ist es ein entscheidender Vorteil, wenn man jemanden kennt, den man bei eventuellen Fragen oder bei Reparaturen ansteuern kann.

Auch wenn Onkel und Tante das Rad gerne ins Osternest legen würden, so sollte die Auswahl des Rades doch nicht ohne die Kleinen getroffen werden; schon Details wie die Farbe entscheiden über

Freude, Leid und Stolz des Be-
schenkten – und damit darüber,
ob das Fahrrad auch «angenommen» wird.

Zudem kann nur im Laden
entschieden werden, welche Größe zu den Kleinen paßt. Denn in
der Regel werden die Räder zwar
nach den Zollgrößen der Reifen
gekauft (Faustregel, kleine Kinder: 12 Zoll, Kinder ab 1,10 m: 16
Zoll, ab 1,30 m: 20 Zoll); im echten Leben jedoch ist die Auswahl
nach der Reifendimension nicht
sehr sinnvoll: Hier kommt es vielmehr auf den richtigen Abstand
von Sattel und Lenker, auf die
Lenkerbreite und die Durchstiegs-
höhe an.

Ganz grob könnte man die Kinderräder auch einteilen in Kinder-
*spiel*räder (12 und 16 Zoll, oft noch
ohne Straßenverkehrsausrüstung
angeboten, Benutzer: Kindergar-
tenkinder) und in *«echte»* Kinderräder (20/22 Zoll, straßenverkehrstauglich), auf die sich dann die
Schulkinder setzen. Ab 24 Zoll
firmiert ein Rad dann offiziell unter *«Jugendrad»* (siehe S. 61).

*Mißverhältnis Erwachsenenbremse – Kinderhand: Wie soll da die
Kraft fürs Bremsen ausreichen?*

Checkliste Kinderfahrrad

✔ Der **Sattel** des Kinderrades muß grundsätzlich tiefer eingestellt werden als für Erwachsene. Achten Sie darauf, daß Ihr Kind bequem mit beiden Beinen (und der ganzen Fußfläche!) am Boden aufkommt. Ist dies nicht gegeben, so kann das Kind sein Rad in kniffligen Situationen nicht beherrschen. Wollen Sie, daß das Rad noch eine Weile «mitwächst», so stellen Sie die Sattelstütze auf die tiefste Position ein. Durch die Wahl eines «tiefer gebauten» Sattelmodells lassen sich bisweilen noch 1–2 cm «gewinnen». Ihr Kind sollte jedoch in allen Fällen *aufrecht* pedalieren können. Nur so hat es die nötige Rundumsicht.

✔ **Durchstieg:** Ein tiefer Durchstieg soll Ihrem Kind das Auf- und Absteigen erleichtern. Hier könnte es bei den Herren der Schöpfung im Schulalter schon zum ersten Protest kommen. Gott sei Dank entwikkelt sich das «erwachsene» Vorbild Mountainbike derzeit in Richtung unisex (tiefgezogenes Oberrohr), so daß Sie mit guten Karten in den Kampf ziehen.

✔ **Bremsen:** Das Kinderrad sollte auf jeden Fall (zumindest für Kinder unter neun Jahren) eine Rücktrittbremse haben. Da die Kinderbeine besonders am «Totpunkt» der Pedalumdrehung jedoch nicht richtig zurücktreten können, ist eine zusätzliche (funktionierende) Handbremse (Felgen- oder Trommelbremse) unbedingt erforderlich. Die Handbremse muß den Dimensionen der Kinderhand angepaßt und leichtgängig sein. Der Bremsgriff darf in der Endstellung den Lenker noch nicht berühren.
Der Rheinland-Westfälische TÜV hat sich inzwischen der kindgerechten Gestaltung von Bauteilen wie Bremsen und Schaltung angenommen und testet diese auf ihre Ergonomie. In Kinderhand funktionssichere Teile bekommen den Aufkleber «Ergonomie geprüft» – leider ist dieses Prädikat noch immer eine seltene Ausnahme.

✔ **Sattel:** Das Gestühl auf Kinderrädern ist meist nicht erste Sahne. Spätestens wenn Ihre Kinder groß genug für längere Touren sind, sollten die Plastikschalen durch gepolsterte, nach vorn und hinten verstellbare Versionen ersetzt werden.

✔ **Lenker:** Da Ihr Kind auf dem Kinderrad aufrecht sitzen sollte, haben sich leicht nach hinten geschwungene Lenker bewährt. Die Lenker sollten nicht breiter sein als die Schultern des Kindes. Bei eingeschlagenem Lenker dürfen die Knie die Griffenden nicht berühren. Die Lenkstange sollte nicht am Vorbau verschweißt sein, dies schränkt spätere Anpassungsmöglichkeiten ein.

✔ **Reifen-/Felgengröße:** Räder mit kleinem Reifendurchmesser eignen sich zwar hervorragend, um im Gelände herumzuflitzen, für Ausfahrten mit dem Rest der Familie sind sie jedoch weniger tauglich: Der kleine Pilot kann über längere Strecken so schnell gar nicht strampeln.

✔ **Sicherheitsausrüstung:** Hierzu gehören kugelförmige Prallschutzpolster am Lenkerende sowie BMX-Lenkerpolster am Lenker selbst. Auch wenn Ihr Kind noch nicht am Straßenverkehr teilnimmt, sollte es doch durch Reflektoren (Frontstrahler, Speichenreflektoren, Pedalreflektoren, breite Rückstrahler) gesichert werden. Um ein Verheddern der Hosenbeine zu vermeiden, sollte ein geschlossener Kettenkasten vorhanden sein sowie eine Vierkanttretkurbel (siehe S. 46). Und natürlich eine Klingel. Achten Sie auf scharfe Kanten oder vorstehende Teile, z. B. an Schrauben oder auch an der Glocke (Verletzungsgefahr). Die Befestigungsschellen sollen vom Kind abgewandt angebracht sein.

✔ Eine **Gangschaltung** braucht man weniger zum Schnellfahren als zum Langsamfahren – fürs Anfahren, am Berg, bei Gegenwind. Eine Gangschaltung wird fürs Kind also dann interessant, wenn es ebensolchen Hindernissen ausgesetzt ist (z. B. bei der Fahrt zur Schule). Solange die Hände noch zu schwach sind, um eine Handbremse vernünftig zu bedienen (bis ca. 9–10 J.), ist eine Nabenschaltung zu bevorzugen. Nur diese bietet eine Rücktrittbremse, einen vernünftigen Kettenschutz und ist gegenüber überschüssigen kindlichen Kräften robust genug.

✔ **Zusätzliche Ausrüstung:** Kinderfahrräder liegen meistens auf dem Boden – warum also keinen **Ständer** montieren? Dies verlängert den Lebensatem des Rädchens und sensibilisiert die Kinder (so darf man hoffen) für einen schonenden Umgang mit dem Gefährt.
Kinder wünschen sich oft einen **Rückspiegel.** Leider verführt dieser dazu, sich nach Gefahrenquellen nicht mehr umzudrehen – durch den jedem Spiegel eigenen toten Winkel kann diese «Sicherheitsinvestition» das Gegenteil bewirken!

✔ **Beleuchtung am Kinderrad.** Zu diesem Thema ist keine generelle Empfehlung möglich. Es erscheint uns als «overkill», das Rädchen für die ganz Kleinen (3- bis 5jährigen) mit einer Beleuchtungsanlage auszurüsten, andererseits kommen die Größeren (6- bis 8jährigen) doch ganz schön rum und sollten dann auf jeden Fall über eine Lichtanlage (möglichst Halogenleuchten) verfügen – die mit der Mutation zum «Verkehrsteilnehmer» dann sowieso fällig wird.

Kinderräder regelmäßig warten!

Die oben beschriebene Ausstattung verrichtet ihren Dienst unter Extrembedingungen: Kinderfahrräder verschleißen schnell. Möglichst früh sollte zusammen mit den Kleinen nach Funktions- schwächen geforscht werden, die Bremsen nachgestellt, die Beleuchtungsanlage wieder auf Vordermann gebracht werden. Eine gemeinsame Reparatur ist das ideale Anschauungsobjekt für überschaubare Technik!

Checkliste Kinderradwartung

Es empfiehlt sich, den beschriebenen Sicherheitscheck bei allen gebraucht oder im Supermarkt gekauften Rädern durchzuführen, noch *bevor* der neue Besitzer zum erstenmal damit fährt!

✔ Sitzen die Räder fest in den Ausfallenden?
✔ Haben die Räder keine Achten? (kein Schleifen gegen den Rahmen oder die Gabel)
✔ Ist die Sattelstütze tief genug im Sitzrohr? (Wird beim Wachstum des Kindes leicht zu weit rausgezogen – Faustregel: mindestens 7 cm Einstecklänge)
✔ Ist der Lenkerschaft tief genug im Lenkkopfrohr? (Faustregel: mindestens 7 cm)
✔ Sind die Lenkergriffe noch brauchbar (durchgewetzte Griffe ersetzen, der Lenker wird sonst zu einem gefährlichen Stanzwerkzeug)
✔ Sind die Tretkurbeln fest (müssen regelmäßig nachgeprüft und eventuell nachgezogen werden, da diese Teile ja oft den Seitenständer ersetzen)
✔ Hat das Lenkungslager zuviel Spiel? Mit einfach «festziehen» ist es allerdings nichts: Ein zu fest angezogenes Lenklager birgt die Gefahr, daß sich das Fahrrad nur ungenau auf Kurs halten läßt.
✔ Ist die Kette zu straff oder zu locker gespannt?
✔ Ist die Rücktrittbremse voll funktionstüchtig?
✔ Ist der Handbremshebel gut montiert und erreichbar?
✔ Ist der Bremszug leichtgängig und intakt (bei ausgefransten Seilfasern Bremszug schleunigst ersetzen)
✔ Sind die Bremsbeläge abgefahren?
✔ Ist der Scheinwerfer richtig befestigt (Lichtkegel soll nach ca. 10 m die Fahrbahn treffen)
✔ Ist die Befestigungsschelle des Dynamos fest angezogen? Ein plötzlich ins Laufrad geklappter Dynamo kann zu Stürzen führen! Ist der Dynamo vernünftig angebracht (wie's sein soll, siehe S. 35)

✔ Weitere Besichtigungspunkte am Kinderrad: Glocke (leicht erreichbar? helltönend?), gelbe Rückstrahler an den Pedalen (verschmutzt?), Speichenreflektoren (sitzen sie noch fest?), Frontreflektoren (vorhanden?), Reifenprofil (nicht zu stark abgefahren?),
ausreichender Reifendruck? Gepäckträger (ausreichende Feder-
spannung?), Schloß (vorhanden und funktionierend?), Pedale
(rutschfest und griffig? nicht zu sehr ausgeschlagen?)

Neben guter Ausstattung und regelmäßiger Wartung kommt es auf die
gekonnte Heranführung des Kindes an die Verkehrsumwelt an – banal
«Verkehrserziehung» genannt. Dieser Punkt ist so wichtig, daß wir ihm
einen eigenen Abschnitt widmen (siehe S. 90).

Das Jugendrad

War die Micky Mouse auf der
Klingel noch ein überzeugendes
Argument, um unsere ganz Kleinen für ein bestimmtes Fahrrad
zu gewinnen, so ist beim Jugendrad alles komplizierter: Hier
kommt die Mode ins Spiel, und
ohne Stollenreifen läuft selbst auf
den wahrlich glattgewalzten As-
phaltpisten der Großstadt nichts
mehr. Auch sind aus den «ge-
schlechtslosen» Kleinen jetzt In-
dividuen mit einer ausgeprägten
Geschlechtsidentität herange-
wachsen; selbst wenn wir uns in
der Erziehung noch so bemüht
haben, die üblichen Klischees
nicht weiterzugeben, so ist für die
Jungs doch klar: Ein Junge fährt
nicht auf Mädchenfahrrädern …
(wodurch dann auch der von den
Eltern ins Auge gefaßten «Wei-
tergabe» des ausgedienten Ge-
schwisterfahrrades Grenzen gesetzt sind …). So kommt es, daß

der Markt (der ja bereits beim
Kinderrad den Geschlechtskli-
schees Rechnung trägt) noch stärker nach Mädchen-Jungen-Ra-
stern aufgeteilt ist: Einfache, in
lieblichen Farben lackierte Mäd-
chenräder stehen neben poppig-
aggressiven, technisch höherwertigen Fahrrädern für die Jungs. Es
wird wohl noch immer angenommen, daß Mädchen hinterherzu-
radeln haben.

Farben sind also in ihrer ganzen
Symbolkraft gefragt, Argumente
der Sicherheit, der Benutzer-
freundlichkeit oder der Langlebigkeit dagegen sind den jungen Be-
nutzern nur schwer zu vermitteln.

Und doch sind an dieses Rad
erhöhte Anforderungen zu stellen,
ist es doch das Gefährt, auf dem
die Kinder zum erstenmal die
schützenden Gefilde des Geh-
weges verlassen.

Wieder geht es um Zoll

Was ist nun ein Jugendrad? Landläufig spricht man bis 20 Zoll von Kinderrädern. Mit 24 Zoll wird ein echtes Jugendrad erworben. Das seltenere 22-Zoll-Rad markiert den Übergang. Da mit dem vom Wachstum erzwungenen Zoll-Schritt längst schon die altersmäßige und vom Gesetzgeber vorgegebene Mutation zum Verkehrsteilnehmer vollzogen ist, sind Jugendräder praktisch immer nach den Vorgaben der Straßenverkehrsordnung ausgestattet, also mit Lichtanlage und Reflektoren.

Versuchten wir unsere Eltern noch von den Vorzügen eines simplen Sportrads mit 10-Gang-Schaltung zu überzeugen («zu teuer, und nach zwei Jahren brauchst du sowieso wieder ein neues Fahrrad»), so geht es heute ums Ganze: Die Begehrlichkeit geht zu den im Trend liegenden Fahrzeugtypen (Trekking- und Mountainbikes) – auch wenn die auf billig getrimmten «Jugend»versionen – sieht man einmal von der poppigen Lackierung ab – meist ziemlich jämmerliche Erscheinungen sind.

So muß mit guten Argumenten versucht werden, sich auf ein akzeptables Gerät zu einigen, denn Sicherheitszubehör wird von vielen Jugendlichen als Verunzierung ihres Rades aufgefaßt. Schutzbleche beispielsweise sind zumindest bei Jungen unbeliebt. Gepäckträger sind kaum angesehener, Jugendliche bevorzugen die modischen Daypacks – obwohl der damit verbundene hohe Schwerpunkt das Fahrvergnügen und die Sportlichkeit nicht gerade steigert, von der Sicherheit ganz zu schweigen.

Auch für das Jugendrad gilt: Kein Rad kann alles! Natürlich wird Ihr Kind auf ein Rad spekulieren, bei dem es im Spurt die Nase vorn hat, gleichzeitig soll es aber auch im Gelände eine gute Figur machen und möglichst noch am Baggersee den Berg hinaufkommen … Sprechen Sie also mit Ihrem Kind über den Einsatzbereich des Rades und seine bevorzugte Nutzung.

Das Mountainbike

Die Mode geht in Richtung des robusten, zumindest von der Optik her geländegängigen Mountainbikes – und besonders die Robustheit wird Sie als Eltern erfreuen, hält das Rad doch auch das Springen über Bordsteinkanten aus. Allerdings haben auch diese Räder bei aller Robustheit ihre Tücken: Die billigen Versionen sind in der Regel nichts anderes als aus Heizungsrohren zusammengeschweißte Fahrradimitate, denen ein paar dicke Stollenreifen draufgezogen werden, um eine nicht vorhandene Geländegängigkeit zu suggerieren. Diese Räder sind so schwer und damit auch schwerfällig, daß sie trotz ihrer meist imponierenden Gangzahlen kaum bergtauglich und noch weniger geländegängig sind. Da bei solchen Schleudern (die im Bereich der Jugendräder leider dominieren) aus Preisgründen an Felgen usw. oft Stahl anstelle von Aluminium verwendet wird, sind sie zudem rostanfällig und pflegebedürftig. So abenteuerlustig der Lack meist gehalten ist, so ungeeignet sind solche Räder für den längeren Ausflug mit der Familie oder gar die Urlaubstour mit Freunden. Wenn Ihr Sproß also weitere Strecken auf dem Fahrrad zurücklegt und er auch schon mal mit der Gruppe auf Tour geht,

dann besorgen Sie lieber ein hochwertiges Trekkingrad, wie Sie es aus dem ersten Teil des Kapitels kennen.

Das BMX-Rad

Das BMX-Rad ist wieder aus der Mode gekommen; Trauer dürfte bei den Eltern darüber kaum aufkommen, wurden diese Räder doch gar nicht für die Straße, sondern als Sportgeräte für den Free-Style-Einsatz konzipiert. Entsprechend schwach auf der Brust sind die kleinen Flitzer, wenn es um Touren, Gepäcktransport und Schnelligkeit geht. Der Weg zur Schule ist nun einmal keine Bobbahn.

Checkliste Jugendrad

✔ Natürlich mögen Jugendliche «heiße» Lenker. Die sollen sie auch haben – solange dabei ein aufrechtes Sitzen möglich ist. Dies ist wegen der Verkehrsübersicht unbedingt erforderlich.

✔ *Schaltung*: Für die «kleineren» Jugendlichen reichen 3- oder 5-Gang-Nabenschaltungen meist aus – aber wenn der Freund nun einmal 24 Gänge hat, werden Sie damit auf taube Ohren stoßen. Wir meinen: Hier sollte man nichts dogmatisieren – Sie müssen Ihr Geld sowieso rausrücken, z. B. für …

✔ … gute *Bremsen*: Hier sollten entweder zwei Topqualitäts-Cantilever-Bremsen zum Zuge kommen, oder aber das Rad muß über mindestens eine regensichere Bremse (Trommel- oder Rücktrittbremse) verfügen. Versuche haben ergeben, daß eine normale Felgenbremse, die bei Trockenheit auf einer Alufelge einen Bremsweg von 10 Metern hat, bei Nässe erst nach 15 Metern steht. Noch schlimmer wird es bei Stahlfelgen und Nässe: Der Bremsweg verdoppelt sich glatt. Bei besonders schlechten Bremsklötzen wird er sogar dreimal so lang! Montieren Sie solchen Schrott also gleich vom Fahrrad Ihres Kindes ab. Man begleitet seine Kinder nicht jahrelang mit Umsicht durchs Leben, um sie dann auf irgendwelchen Schleudern in den Verkehr zu schicken.

✔ *Beleuchtung*: Auch hier brauchen Sie nicht lange zu diskutieren. Unter den weiter vorne dargelegten Standards kommt auch Ihr Kind nicht weg. Das Rücklicht kann einen Sicherheitsbügel gut vertragen, da sein Gehäuse beim Anstoßen leicht zerbricht. Ein Problem ergibt sich bei den kleineren Rädern, da die Dynamos wegen der kleineren Laufräder ziemlich viel Kraft schlucken – und gerade mit Kraft können Kinder nun einmal nicht wuchern. Wie beim Erwachsenenrad sind akku- oder batteriegespeiste Standlichtanlagen beim Jugendrad deshalb eine gute Investition. Auch ein Speichendynamo (siehe S. 33) hat sich als zuverlässiger und kraftschonender Energielieferant bewährt.

✔ *Sattel*: Solange keine großen Touren geplant sind, tun es hier die einfacheren Versionen; mageren Kindern sollten jedoch mit einer Polsterung bedacht werden.

✔ *Gepäckträger*: Wenn am Fahrrad nur ein wackeliger Gepäckträger vorhanden ist, werden Sie Ihr Kind nie davon überzeugen können, sein Gepäck auf dem Fahrrad und nicht auf dem Rücken zu transportieren (vgl. hierzu S. 44).

✔ *Schloß*: Ein gutes Jugendrad ist für Langfinger nicht weniger attraktiv als ein gutes Erwachsenenrad – es gelten deshalb die Kriterien wie vorne beschrieben.

✔ *Ständer*: Ist kein guter Ständer vorhanden, so fliegt das Fahrrad ständig um und wird mit dem Kopf nach unten geparkt – beugen Sie dem durch einen vernünftigen Ständer vor (den Sie evtl. auf die richtige Größe absägen müssen).

 Welches Rad auch immer Sie für Ihr Kind kaufen, eines sollten Sie klar zum Ausdruck bringen: Ein Fahrrad hat seinen Wert und behält diesen nur dann, wenn es gepflegt und gewartet wird. Machen Sie Ihrem Kind von vornherein klar: Es ist der *Fahrer*, der hierfür zuständig ist. Ist Ihr Kind hierzu nicht bereit oder in der Lage, so würden wir den Teufel tun und irgendwelche High-Tech-Teile an das Fahrrad hängen. Für Kinder, die ihr Fahrrad bloß «runterfahren» wollen, tut es auch eine 3-Gang-Schaltung!

3

Die **K**inder steigen auf

Kindertransport mit dem Elternrad

Das Baby hatte schon Platz auf dem Fahrrad, als das Baby noch gar nicht Baby hieß

Der Weg aufs Stahlroß

Seit es das Fahrrad gibt, wurde überlegt, wie der Nachwuchs an dem Freiluftvergnügen teilhaben könnte. Und die Kindersitze, die inzwischen jeder kennt, sind wahrhaftig nur *eine* unter vielen Möglichkeiten, um die Kleinen durch die Welt zu schaukeln.

Die Evolution vom Frischgeborenen zum Sozius vollzieht sich etappenweise: Dem ganz kleinen Bürger sei seine Wiege gegönnt. Erst wenn Eltern und Kind soweit miteinander auskommen, daß das Tragen auf dem Rücken – sei es im «Känguruhbeutel», im Tuch oder im Gestellrucksack – problemlos klappt, kann es mit denselben Tragewerkzeugen auch

aufs Fahrrad gehen (siehe unten). Dies dürfte mit 3–6 Monaten der Fall sein. Erst der dritte Evolutionsschritt ist der Sprung in den Kindersitz; dieser wird in etwa ab dem achten Lebensmonat möglich, wenn das Kind kräftig genug ist, um der Welt mit Haltung zu begegnen.

Die *Kindertrage* als Sitz auf dem Rücken des Vaters oder der Mutter ist für viele Kinder gleichzeitig auch der erste Fahrradkindersitz. Leider tummeln sich hier auf dem Markt allerhand fragwürdige Modelle, in die wir allenfalls die Plüschtiere unserer Kleinen setzen würden. Eine gute «Kraxe» ist wie ein hochwertiger Rucksack gebaut, d. h. mit breiten gepolsterten und verstellbaren Schultergur-

Trailbike (Bezug über Bicycles Räder AG, Bielefeld)

ten, einem stabilen, aber schweiß-
und luftdurchlässigen Rückenteil
und einem breiten Hüftgurt. Außerdem sollte ein Alu-Gestell
vorhanden sein, das ein Absetzen
auf den Boden ermöglicht. Leider
sind diese Modelle, die in der
Regel aus den USA importiert
werden, nicht gerade billig (200
bis 350 DM). Mit diesen Sitzen
läßt sich jedoch die Zeit überbrük-
ken, in der die Kinder mangels
Haltung noch nicht in den Kindersitz können (2. bis ca. 8. Monat).
Eine aufrechte Fahrhaltung ist mit
der Kindertrage günstig, da die
Trage sonst ins Schaukeln kommt.

Wer geschickt mit einem *Tragetuch* umgehen kann, kann sich das
Geld für einen Tragerucksack in
den ersten Monaten sparen, denn
solange die Kleinen noch nicht
ganz so schwer sind (bis ca. 9. Lebensmonat) sind sie im Tragetuch
auch beim Fahrradfahren gut aufgehoben (dasselbe gilt übrigens
für die «Tragebeutel» wie z. B.
Snuggly usw., die in den ersten
Monaten meist völlig ausreichen).
Das **vor** dem mütterlichen oder
väterlichen Bauch im Tragetuch
baumelnde Kind ist dagegen auf
dem Fahrrad meist ein Hindernis.

Kindersitze

Der Gesetzgeber erlaubt das Mitfahren eines Kindes, wenn das
mitgenommene Kind noch keine
sieben Jahre alt ist (Schweiz und
Österreich: acht Jahre). Die rad-

*Gemütliches Plätzchen im
Tragetuch*

fahrende Person darf allerdings
kein Kind, sondern muß mindestens 16 Jahre alt sein. Das Kind
muß auf einem eigens für den
Kindertransport vorgesehenen
Sitz plaziert sein. Dieser darf nicht
an den «drehenden» Teilen wie
Gabel oder Vorbau («Lenkerschaft») montiert werden. Auch
muß durch Radverkleidungen
usw. sichergestellt sein, daß die
Füße des Kindes nicht in die Speichen geraten können.

Beim **Transport von zwei Kindern** muß der Radfahrer dafür
sorgen, daß die Verkehrssicherheit insbesondere hinsichtlich des
Gleichgewichthaltens und der
Bremswirkung nicht leidet.

Hiermit wären wir wieder bei dem Thema des zweiten Kapitels: Nur ein vernünftiges Fahrrad mit stabilem Rahmen und starken Bremsen bietet für den Kindertransport ausreichende Sicherheit. Es reicht nicht aus, an einem heiteren Wochenende mal rasch einen Sitz auf das klapprige, von Spinnweben behangene Rad zu montieren – das kann leicht schiefgehen.

Platz mit Aussicht

Checkliste Kindersitz

✔ Das wichtigste Kriterium ist die Sicherheit;
Der Kindersitz Ihrer Kleinen sollte über verstellbare Gurte verfügen. Für den hinteren Sitz empfehlen sich zusätzliche «Hosenträgergurte». Die Gurte verhindern bei den kleineren Kindern das «Aussteigen» und sorgen dafür, daß plötzliche Bremsungen und Lenkmanöver nicht zu schmerzhaften Anstößen führen,

✔ In welcher Position auch immer Sie Ihr Kind chauffieren wollen, achten Sie stets auf den Schutz der Beine. Am besten sind hierfür stabile Speichenabdeckungen geeignet. Zusätzlich sind gut konstruierte Fußrasten und -riemen erforderlich. Vollschalensitze bieten hier eine elegante Lösung – sofern die Beine auch wirklich angeschnallt sind. Auch Drahtkörbe werden heute nur noch mit Fußschutz verkauft.

✔ Natürlich sollen Kindersitze auch ein Stück weit «mitwachsen». Hier sind die Plastikschalensitze naturgemäß im Nachteil, sind diese Modelle doch auf Körperkontakt konzipiert. Achten Sie auch auf die Verstellmöglichkeiten für die Beinhalterung: 10 cm Verstellmöglichkeit rauf und runter sollten es schon sein, um beim Transport des Nachbarkindes nicht gleich passen zu müssen. Auch die Sicherheitsgurte sollten einen weiten Verstellbereich aufweisen, um auch bei dickerer Kleidung im Winter noch ihren Dienst zu tun.

✔ Einfache Handhabung: da Kindersitze oft das Fahrrad wechseln, sollten sie leicht abnehmbar sein.

✔ Die Kleinen sollen's bequem haben – wenn einmal auf den billigen Plätzen das Geschrei anhebt, ist die Fahrt meist zu Ende. Hier bieten die nicht auf festen Teilen (Gepäckträger oder «Radstange») aufliegenden Sitze Vorteile, da sie von ihrer Aufhängung her eine gute Eigenfederung aufweisen. Auch erleichtern Sitzpolster das Leben der Kleinen; evtl. sind diese sogar zur Reinigung abnehmbar.

✔ Die abnehmbaren Sitzpolster könnten dem Sitz auch helfen, trotz Wind und Wetter bis zur nächsten Kindergeneration zu überleben (was bei manchen Modellen leider eher kritisch zu sehen ist: besonders bei den Plastikschalensitzen der «ersten Stunde» trauen wir den Werkstoffen keine Dauerhaftigkeit zu).

✔ Seitlich vorgezogene Kopflehnen für die hinteren Sitze können das Hin- und Herbaumeln des Kopfes beim schlafenden Kind verhindern.

Vorsicht! Der mangelnde Fußschutz kann schlimme Folgen haben

Wichtig: Die Montage

Genauso wichtig wie die Auswahl eines passenden Kindersitzes ist seine korrekte Montage. Hier kann vor bastlerischen Glanzleistungen nur gewarnt werden. Entweder der Kindersitzhalter paßt exakt auf das Fahrrad, oder die ganze Sitzkonstruktion wandert an den Fahrradhändler zurück. Da nicht selten Anpassungsarbeiten vorgenommen werden müssen (z. B. an Bremszügen, Scheinwerfern, Lenker), ist es keine schlechte Idee, die Montage von vornherein dem Händler zu überlassen.

→ Überzeugen Sie sich unbedingt durch eine Probefahrt, daß der Sitz beim Fahren nicht stört (Beinfreiheit, Lenkverhalten).
→ Ein nachträgliches Zurechtbiegen der Halterung unbedingt vermeiden – die derart malträtierten Teile könnten unter Belastung brechen.
→ Die Schraubverbindungen der Halterung regelmäßig nachziehen!

Vorne oder hinten?

Bei den Kindersitzen ist es wie bei der Liebe: Die Frage nach den Positionen verlangt individuelle Lösungen. Grundsätzlich kommen – für die Kindersitze – drei Positionen in Betracht: Vorne **vor** dem Lenker, vorne **hinter** dem Lenker und hinten hinter dem Sattel. Welche dieser Positionen vom Sicherheitsaspekt her zu bevorzugen ist, ist reine Spekulation: Bisher gibt es keine vernünftige Untersuchung zu diesem Thema. Die «Hinten-ist-besser-Devise» von «test» und TÜV scheint uns ein wenig aus der Autoperspektive gesehen zu sein, wo das Kind hinten tatsächlich sicherer sitzt.

Vorne vor dem Lenker

Das Kind blickt in Richtung auf den Fahrer. Der Vorteil ist hier der direkte Blickkontakt und die ungetrübte Kommunikation. Auch bleibt der hintere Gepäckträger benutzbar. Der Nachteil wiegt jedoch im wahrsten Sinne des Wortes schwer: Der nach vorne verlagerte Schwerpunkt macht das Fahrrad unhandlich und damit unsicher. Auch ist das Kind bei einer eventuellen Kollision extrem schlecht geschützt. Wir raten von dieser Sitzposition ab.

→ Oft muß in dieser Position die Vorderlampe versetzt werden.
→ Bei größeren Kindern besteht die Gefahr, daß beim Lenken der Fuß des Kindes zwischen Vorderrad und Rahmen eingeklemmt wird – Sturzgefahr! Vorne also nur kleinere Kinder mit sicherem Fußschutz befördern!

Vorne hinter dem Lenker

Das Kind blickt in Fahrtrichtung. Auch diese Position ermöglicht eine meist ungestörte Unterhaltung. Sie bietet für den kleinen Sozius den freisten Blick auf die Welt; das Kind wächst dadurch gleichsam in den Verkehr hinein – die Lenkerperspektive ist nun einmal der wirklichkeitsgetreueste Blickwinkel. Auch hat man die Verkehrssituation und das Kind in einem Blick. Verlockend ist allerdings auch die manuelle Erkundung des Nahbereichs: Bremsen und Schalthebel werden erforscht, was nicht immer mit dem nötigen Sachverstand geschieht und Risiken in sich birgt. Diese Stellen sollten deshalb frühzeitig zu Tabuzonen erklärt werden.

Ein Nachteil der Position ist, daß die gewohnte Beinfreiheit und evtl. das ungehinderte Auf- und Absteigen des Fahrers leiden. Auch ist diese Position die «windigste» von allen dreien, so daß in

gewissen nördlich-teutschen Klimazonen für einen Windschutz gesorgt werden muß.

Bei beiden Sitzpositionen vorne muß auf einen «hochgezogenen» Sitz mit Nackenstütze für die Kleinen verzichtet werden, da der Fahrer sonst vor lauter Kind den Weg nicht sieht. Mit etwas Improvisationskunst ist es allerdings möglich, den Kopf des schlafenden Kindes bequem zu betten, indem z. B. Kleidung oder ein Kissen um den Lenkerbügel gewickelt wird. Wir verwenden hierzu ein zusammengerolltes Schaffell, das gleichzeitig als Windschutz fungiert (siehe Abbildung).

 Ein Wort zu den Sitzen mit Handauflage. So günstig es ist, wenn Kinder ihre eigene Griffläche haben, als so hinderlich erweist sich diese, wenn das Kind in Morpheus' Armen liegt: der Kopf läßt sich nur sehr schwer «betten» (siehe Abbildung rechts).

Der geeignete Schlafplatz: «Bett» und Windschutz in einem

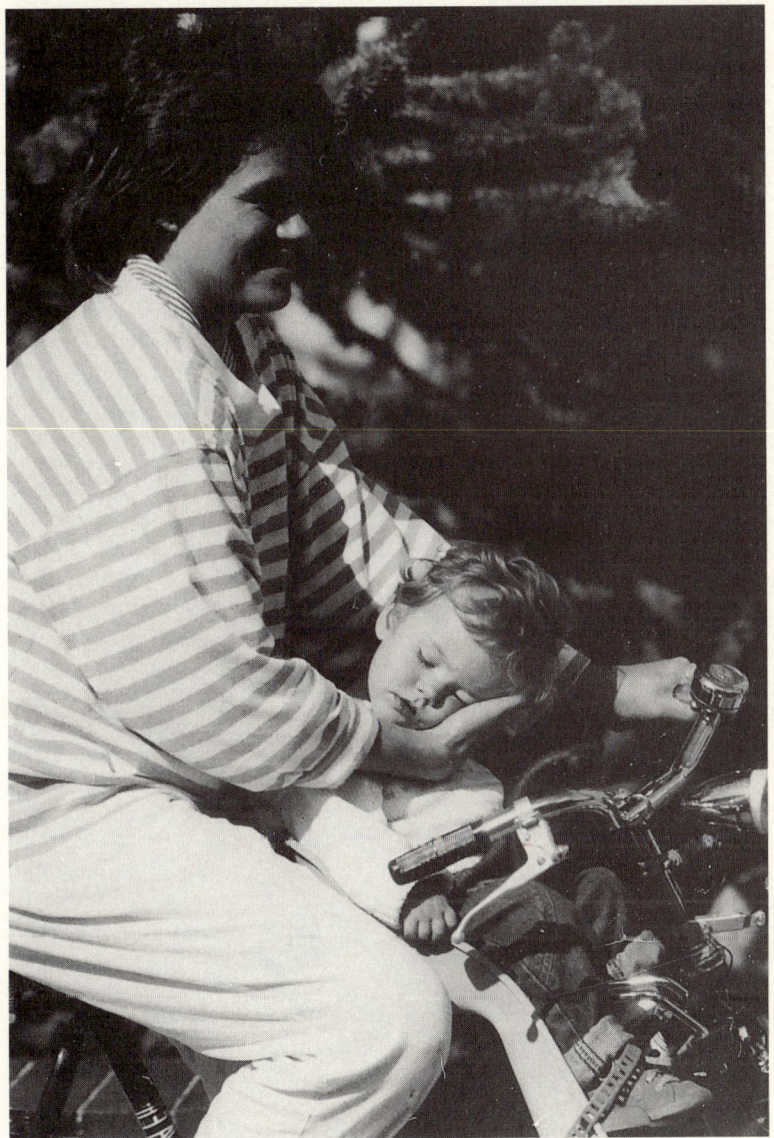

Überlegen Sie sich rechtzeitig, wie Sie das schlafende Kind auf dem Fahrrad betten!

Hinten hinter dem Fahrer

Der Vorteil dieser Position ist, daß die Modelle weit in den Nakken hochgezogen werden können, so daß die Kleinen bequem sitzen. Beim Schlafen allerdings weicht der nach hinten gestützte Kopf nunmehr zur Seite aus: auf holprigen Wegen baumelt er gnadenlos hin und her. Dies kann durch behutsames Betten des kleinen Kopfes z. B. mit um den Sitz gebundenen Tüchern verhindert werden.

Wer nicht aktiv tritt, muß festgebunden und gut eingepackt sein

Nachteil der Position hinter dem Fahrer ist der eingeschränkte Blickradius des Kleinen; außerdem ist es diejenige Position, bei der sich das Kind am meisten von den Eltern entfernt fühlt, was nicht von allen Kindern honoriert wird. Natürlich leidet unter dieser Entfernung auch die verbale Kommunikation: Der Wind verweht die Worte. Schade eigentlich, wenn man bedenkt, was einem die Kleinen alles zu erzählen haben.

Außerdem nimmt der hinten plazierte Kindersitz in aller Regel den Platz für Satteltaschen weg (eine rühmliche Ausnahme ist z. B. der Bulldog Maxi).

Ganz auf Windschutz ausgelegt sind die sogenannten Hollandkörbe aus Weidengeflecht. Das Kind sitzt in der «Damensitz»-Position mit freiem Blick über die Landschaft. Bei Müdigkeit findet es eine bequeme Kopfauflage.

Die Grenzen des Wachstums

Wachsen die Kinder heran und erfreuen die Eltern durch den Sprung über die 15-kg-Marke, so steht ein Umzug nach hinten an; nur Hintersitze sind für Kinder über 15 kg zugelassen (die meisten hinten zu montierenden Modelle sind bis 25 kg zugelassen) – obgleich die Position vorne hinter dem Lenker von der Stabilität her durchaus gleichwertig ist.

 ➔ Bei der Position hinter dem Fahrer unbedingt auf eine Verkleidung der Spiralfedern des Sattels achten (im Handel erhältlich, aufgeschnittene und um die Federn geklebte Klopapierrollen tun's auch). Auch manche Bremszangen sind regelrechte Fallen für kleine Fingerchen.

→ Ist der Sitz direkt auf dem Gepäckträger montiert, müssen Sie sich unbedingt vergewissern, daß dessen Tragfähigkeit für den Kindersitz ausreicht (siehe S. 45) – 20 kg müssen es schon sein! Im Zweifelsfall den Händler fragen.

→ Die hochgezogene Rückenlehne, für den Komfort des Kindes gedacht, kann auch lästig werden: dann nämlich, wenn das Kind einen Helm trägt. Der Kopf hat in diesem Fall nach hinten zuwenig Platz und wird nach vorn gedrückt. Einige Anbieter haben die «Rückenlehne» aus diesem Grunde bereits verkürzt – auch hier raten wir zum Probesitzen im Fachhandel.

→ Auf- und Absteigen ist auf einem Herrenrad mit hinten montiertem Sitz nicht ganz einfach. Versuchen Sie's zunächst ohne Kinderbeladung (und ohne Zuschauer …)!

→ Vergewissern Sie sich wegen der Belastbarkeit Ihres Kindersitzes in jedem Fall beim Händler oder Hersteller!

An die Milchflasche denken! Tips für unterwegs

Neben den geschilderten technischen Voraussetzungen ist das Einfühlungsvermögen in die Situation des Kindes für den Fahrradspaß entscheidend.

• So muß der Fahrer z. B.

bedenken, daß die Kinder sehr schnell auskühlen; sie strampeln ja noch nicht mit und verfügen somit über keinerlei eigene Bewegungswärme. Insbesondere im Winter ist hier äußerste Vorsicht geboten; schon ein verrutschter Schneeanzug kann zu Frostbeulen führen! Eine Mütze mit Kinnkordel und Handschuhe, die man an der Kleidung befestigen kann, gehören zur Wintergrundausstattung.

• Auch für ausreichenden Windschutz muß gesorgt sein. Hierzu bietet sich z. B. das oben beschriebene Fell an; der Fachhandel hält auch Windschutzscheiben aus Plexiglas bereit. Einen «eingebauten» Windschutz bieten die hinten zu montierenden «Hollandmodelle» aus geflochtenem Korb. Das Kind ist im Weidengeflecht rundum optimal geschützt.

• Was für den Wind gilt, gilt auch für ein weiteres Urelement: die Sonne. Ich habe das Gefühl, daß Kinder auf dem Fahrrad besonders schnell einen Sonnenbrand bekommen; vielleicht werden die Sonnenstrahlen mit dem Wind fester an den Körper gepreßt …?

• Die Länge der Fahrt muß auf die Bedürfnisse des Kindes abgestimmt sein; das Tagespensum so wählen, daß Zeit für viele Pausen bleibt, in denen das Kind sich austoben kann.

Schlafen – essen – spielen: in einem guten Kindersitz ist alles möglich

Nach ein paar kleineren Touren werden Sie den «Rhythmus» raushaben. Lebenswichtig für die Fahrt ist das mitgenommene Spielzeug, der Spaß am Geschichtenerzählen und die Milchflasche (bei älteren Kindern Proviant): Kinder mit leerem Bauch sind schwer bei Laune zu halten.

• Aber vor allem gelten auch unterwegs die entscheidenden elterlichen Qualitäten: cool bleiben und den Humor nicht verlieren.

• Wenn man die Kinder mit Schwung auf den Sitz plaziert, wird Vati oder Mutti die Vorzüge eines guten Zweibeinständers erst richtig schätzen

lernen. Lassen Sie trotzdem das Fahrrad nie los, solange ein Kind im Sitz sitzt!

• Breite Reifen erhöhen durch die Luftfederung auch den Komfort für die kleinen Beifahrer.

• Diesen Punkt schreiben wir mit Herzblut: Wie viele Kuscheltiere sind schon unbemerkt vom Kindersitz ins heimatlose Nichts gefallen und haben die auf dem Fahrrad Hinterbliebenen in Tränen und Trauer gestürzt! Besonders während des Schlafes lassen Kinder ihren liebsten Freund leicht los. Binden Sie Kuscheltiere, Spielsachen, Schnuller usw. immer am Fahrrad fest!

Für Eltern gilt es, findig zu sein. Ausgebauter «Long John»

Anhänger

Für viele Eltern sind die ersten Lebensjahre ihrer Kinder auch die Zeit der eingeschränkten Mobilität. Ob Urlaub oder Wochenende: mit den Kindern ist der Aktionsradius begrenzt, es sei denn, man wollte im Auto durch die Lande kurven, was für viele auch nicht gerade der Gipfel der Abenteuer ist.

Abhilfe versprechen hier Kinderanhänger. Mit ihnen läßt sich das Fahrrad im Urlaub in eine Art Campingmobil umbauen, das leidige Transportproblem für Gepäck entschärft sich, und das Fahrrad ist leichter zu halten als mit Kindern darauf. Besonders kinderreiche Familien (und als solche gelten ja heutzutage auch schon Familien mit zwei Kindern) werden den vergrößerten Aktionsradius schätzen lernen, und sei es auch nur beim Einkaufen.

Inzwischen sind recht beachtenswerte Modelle auf dem Markt; in der Regel kosten diese etwa soviel wie ein hochwertiger Kinderwagen (zwischen 650 und 1200 DM). Während Kleinkinder allerdings lediglich über einen Zeitraum von etwa zwei Jahren in einem Kinderwagen transportiert werden wollen, bevölkern sie den Kinderanhänger immerhin bis zum Alter von ca. sieben Jahren. Ein weiterer Vorteil der Anhänger: sie können auch zum Gepäcktransport verwendet werden und helfen damit, unabhängiger vom Auto zu werden. Und im Winter, wenn es auf dem Kindersitz schon sakrisch frostig ist, sind sie ein genialer Wind- und Wetterschutz.

Haben Sie sich für den Hänger entschieden, so können auch reine Sportgeräte (z. B. Rennräder) für den Familieneinsatz wieder zum Einsatz kommen – solange kompromißlose Bremsen montiert sind. Allerdings steht dem Fahrrad eine berggängige Schaltung gut zu Gesicht, da die zusätzliche Belastung an Steigungen ja aufgefangen werden muß. Lassen Sie sich bei noch so schnittigem Zugpferd jedoch nicht zu einem rasanten Fahrstil verleiten: besonders Kurven sollten mit einem Anhänger nicht allzu schnell angegangen werden.

Und das meint der Gesetzgeber:

Kinder dürfen nach einer Auskunft des Bundesverkehrsministeriums in einem Fahrradanhänger mitgenommen werden, wenn dieser technisch einwandfrei ist. Nun ist «technisch einwandfrei» natürlich ein dehnbarer Begriff. Die zuständigen Fachgremien halten folgende Ausstattung eines Fahrradanhängers für erforderlich:
– durch Gurte mit Schnellverschluß gesicherte Sitze,
– die bereits angesprochene gute Bremsanlage für das Zugrad,
– Speichenrückstrahler und gelbe Rückstrahler auf jeder Seite,

[Full-width photograph of two children sitting in a bicycle trailer]

Im Anhänger

– Speichenräder von offenen
  Hängern müssen abgedeckt
  sein.
– Zudem benötigt jeder Anhänger eine eigene Beleuchtung
  (Rückstrahler), sofern das
  Rücklicht verdeckt ist. Umlau-
  fende Reflektorbänder sowie
  leuchtfarbene Nylonwimpel
  erhöhen die Sicherheit im
  Dunkeln.

→ Der Dynamo des
  Zugrades kann
  für die Anhän-
  ger-Schlußleuch-
  te nicht ange-
zapft werden; er ist bereits
durch die Fahrradbeleuchtung
voll ausgelastet. Ein Zusatzdy-
namo ist nur mit Tücken und
Tüftelei zu gebrauchen
(schwieriger Massekontakt,
pfriemeliger Einbau eines
zusätzlichen Widerstandes) –

und er verbraucht zusätzliche Tretenergie. Setzen Sie in diesem Fall auf eine Batterie-Rückleuchte!

→ Wegen der erhöhten Breite Ihres Gefährts kann ein Rückspiegel gute Dienste leisten.

Checkliste Kinderanhänger

✔ Eine vernünftige Anhängerkupplung muß sein. Die traditionelle Kugelgelenkkupplung am Sattelklemmbolzen ist sicher nicht der Weisheit letzter Schluß, kann man doch nicht einmal mehr den Blumenstrauß für die Freundin auf den Gepäckträger schnallen. Die übrigen Modelle werden über seitliche Steckkupplungen am Fahrradhinterbau befestigt. Vorteil: Der Gepäckträger bleibt benutzbar.

✔ Ein Überrollbügel, der bei den meisten Hängern zu finden ist, gewährt den Kindern zusätzliche Sicherheit.

✔ Unterschiede von bis zu 180 Grad gibt es in der Sitzposition der Kinder: Genießen die Kinder bei manchen Hängern vor allem den Blick auf die strampelnden Elternwaden, so sitzen sie bei anderen mit freiem Blick nach hinten. Nachteil der Sitzposition mit Blick nach vorn: die Kinder sind Wind und aufgewirbeltem Staub direkt ausgesetzt. Andere Modelle lassen ein Kind nach vorn, das andere nach hinten schauen. Ein Hersteller bietet gar einen Hänger an, der sowohl in als auch gegen die Fahrtrichtung montiert werden kann.

✔ Die meisten Anhänger bieten auch noch Stauraum für Kinderspielzeug, Teddybär und Fläschchen (+ Bier für das Zugpferd).

✔ Auch das **Gewicht** des Hängers muß berücksichtigt werden (er muß ja manchmal auch in den Keller getragen werden). Es gibt Gewichtsunterschiede bis zu 5 kg – unsere Devise: Im Zweifelsfall für den Leichteren!

Diese eleganten Möglichkeiten lassen Freude aufkommen. Allerdings muß das geniale Gefährt auch gezogen werden. Bergige Landschaft ist sicher nicht der ideale Einsatzort für Kinderanhänger. Die Schwerkraft läßt sich durch noch so pfiffige Konstruktionen nicht überlisten. Wer z. B. extreme Urlaubstouren unternehmen will, sollte lieber doch auf den guten alten Kindersitz zurückgreifen.

Da die Hänger noch immer recht selten verkauft werden, scheitert eine vernünftige Kaufberatung oft an mangelnder Sachkenntnis der Verkäufer. Informationen zum Thema Kinderan- hänger gibt es beim ADFC, der eine Broschüre mit Händlernachweisen und Modellbeschreibungen bereithält.

Besondere Einfälle

«Das Kind auf dem Tandem»

Eingefleischte Fahrradfahrer schätzen das Tandem als gemeinschaftsförderndes, leistungsstarkes Fahrrad, das naturgegebene Leistungsunterschiede, z. B. zwischen den Geschlechtern, überbrücken hilft und damit der oft beklagten «Mann-fährt-voraus, Frau-keucht-hinterher-Erfahrung» ein Ende setzt. Daß sich das Tandem darüber hinaus zum Transport älterer Kinder eignet,

wissen nur wenige: Sobald sich ein Kind einigermaßen passabel beim Pedalieren anstellt und mit Spaß auch mal etwas länger auf dem Sattel bleibt, kann es auf dem hinteren Sitz eines Tandems Platz nehmen. Dieser wird durch eine Höherverlagerung des Tretlagers und durch einen Auszug des hinteren Vorbaus nach vorne zu einem Copiloten-Platz für Nachwuchsradler umgerüstet (Umrüst-Sets im Handel erhältlich). So manche abenteuerliche Fahrt, die mit dem Kinderrädle

Das hochgesetzte Tretlager macht «unmögliche» Touren möglich

nie zu schaffen wäre, läßt sich auf diese Weise mit Spaß für beide bewältigen: Papi ist abends gut gelaunt, weil ausgepowert, Filius oder Filia ebenfalls gut gelaunt, weil nicht überfordert. Leider ist diese Konstruktion nicht ganz billig; erst mit ca. 600 DM für die konfektionierte Nachrüstung sind Sie dabei, von den Kosten für das Tandem ganz zu schweigen (siehe S. 28).

«Long John»

Daß auch der dänische «Long John» erstaunliche Möglichkeiten zum Kindertransport bietet, beweist das Foto auf Seite 77.

Auch der «Filibus» der Firma Kemper zeugt von einem aufnahmefähigen Markt – es ist wohl das erste Fahrrad, das ganz nach den Bedürfnissen des Kindertransports konstruiert wurde (siehe unten).

Kemper-Filibus, ein Transportrad für Kinder und andere Dinge ...

Überblick: Für jede Altersstufe ein Lösung

Alter	Wie transportieren?	Bemerkungen
0 bis 3 Monate	• Im Snuggly oder Baby-tragegestell auf dem Rücken • Im Tragetuch auf dem Rücken • Im Kinderanhänger mit verstellbaren Sitzen (lassen sich bei manchen Anhängern in ein Bettchen umwandeln)	• Im echten Tragerucksack à la *tough traveller* «versin-ken» die Kleinen noch. • Auf Schutz vor Kälte und Wind achten. • Bei Transport im Anhänger auf gute Federung und weiche Lage achten.
3 bis 9 Monate	• Tragetuch, Snuggly, Baby-Tragegestell • Tragerucksack • Kinderanhänger	Wegen mangelnder «Haltung» ist diese Altersgruppe noch nicht für den Kindersitz geeignet.
9 Monate bis 2 Jahre	• Kindersitz mit **guter** Schlafmöglichkeit • Im stabilen Tragerucksack • Kinderanhänger	Der Transport der Kinder auf dem Rücken bringt zunehmende Balance-probleme mit sich.
2 bis 4 Jahre	• Kindersitz • Kinderanhänger	
4 bis 6 Jahre	• Kindersitz • Als Beifahrer auf dem Tandem • Kinderanhänger • Sonderkonstruktionen (S. 81)	Ab 15 kg Körpergewicht ggf. Umzug vom vorderen auf den hinteren Kindersitz
ab 6 Jahre	• Als Beifahrer auf dem Tandem • Auf dem eigenen Fahrrad • Sonderkonstruktionen (S. 81)	

Kinder lernen radfahren

Konzentriert wischt seine Zunge immer wieder den linken Mundwinkel aus. Simons Blick hängt noch stark am Vorderrad, aber wenn er aufblickt, dann sieht man ihm an, wie stolz er ist. Können wir Alten uns vorstellen, was es für ein Kind bedeutet, Fahrrad fahren zu lernen? Auf einmal scheinen geheimnisvolle Mächte das Kind zu stützen, zu ziehen und um die Kurven zu tragen, es ist wie Fliegen, die eigene Kraft verdoppelt sich, verdreifacht sich, und der Wind macht auf einmal ein Geräusch wie bei Papa auf dem Kindersitz. Nur daß diesmal **ich** selbst es bin, der den Wind fliegen läßt … Ich kann schneller sein, ich kann größer sein, ich kann mich in Geisterkräfte einhängen und meinen Spielraum erweitern!

Radfahren lernen, darunter verstehen viele Eltern die Zeit vom ersten Pedalkontakt ihres Kleinen bis zu dem Punkt, an dem das Pflänzchen sich irgendwie selbst im Sattel halten kann. Radfahren ist jedoch mehr als die Kontrolle über Lenker und Rücktrittbremse; geht man davon aus, daß am Ende des Radfahren-Lernens die sichere Verkehrsteilnahme stehen sollte, so müssen wir Eltern uns auf einen Lernprozeß einstellen, der sich über viele Jahre erstreckt. Und dieser Prozeß schließt uns Eltern ein. Denn von dem Moment an, wo Kind & Rädchen ihr Debüt in der rollenden Welt geben, ist das Kind auf unsere Hilfe angewiesen; es will nun seinen erweiterten Aktionsradius sicher beherrschen lernen, um irgendwann auch am Verkehr ohne Angst teilzunehmen. Erst mit 12 bis 14 Jahren kann ein Kind aufgrund seiner Entwicklung als vollwertiger Verkehrsteilnehmer gelten. Bis dahin sind **Sie** gefragt. Glückwunsch.

Die ersten Meter

Manchen Eltern kann es nicht schnell genug gehen: Kaum kann das kleine Mensch laufen, wird es auf ein Gefährt gezwängt, dessen Lenker es gerade eben erreicht, und auf dem es sich mit den Beinchen kaum am Boden abstützen kann. Die mangelnde Beherrschung des Spielgerätes wird durch Stützräder ersetzt, und schon schaukelt der Sprößling durch die Gegend – und es ist nur zu hoffen, daß es ein parkendes und nicht ein fahrendes Auto ist, gegen das der Kleine als erstes knallt.

Andere Eltern wiederum zögern den Start ihres Kindes ins Radlerleben weeeeiiit hinaus – vielleicht aus Angst vor der damit offenkundig werdenden Abnabelung ihrer Kleinen.

Die Kinder indes scheren sich kaum darum; von Geschwistern oder Nachbarkindern angeleitet, erlernen sie das Fahrradfahren «wild» und tragen entsprechend ernstzunehmende oder weniger ernstzunehmende Schrammen davon.

Wir raten Ihnen deshalb, den Weg Ihres Kindes in die rollende Welt von Anfang an und tatkräftig zu begleiten. Geben Sie Hilfestellung, wo immer möglich und nötig.

 → Niemals sollten Sie Ihr Kind auf das Fahrrad zwingen (etwa weil die kleine Freundin es auch schon gelernt hat). Zwang verdirbt den Spaß, und jedes Kind hat nun einmal sein eigenes Tempo.
→ Vermeiden Sie unbedingt, daß Ihr Kind die öffentlichen Wege auf eigene Faust erkundet!

Mit der Zunahme der Kinderfahrräder sind auch die Unfallzahlen gestiegen. Der Anteil der Fünfjährigen an Fahrradunfällen ist in den letzten Jahren um das Dreifache gestiegen, der der Vierjährigen sogar um das Fünffache.

Die Hälfte aller Kinderverkehrsunfälle passieren im Wohnumfeld, also da, wo den Kindern die Gegend besonders vertraut sein sollte. Dort fahren bereits über ein Drittel der Drei- und Vierjährigen verbotenerweise zwischen Autos herum. Sie sehen, es tut sich ein weites Feld für die Vermittlung radfahrerischer Überlebenskünste auf. Der erste Schritt:

Fahren ohne Fahrrad

Kinder lernen Fahrrad fahren am besten **ohne** Kinderrad. Verwundert Sie das?

Seit Jahrzehnten scheint der Weg ins Radlerdasein vorgegeben zu sein: Das Kind lernt laufen, der Osterhase bringt ein Rad, der Papa montiert Stützrädchen dran, und ab geht die Reise. Das Kind kann ja dann nicht hinfallen, oder? Die Realität jedoch sieht anders aus. Ohne ein Fahrrad zu beherrschen, verfügen die Kleinen durch die Stützrädchen über einen erweiterten Aktionsradius – und allzuoft findet dieser Radius an der Bordsteinkante abrupt sein Ende.

Wir plädieren für die Rollermethode: Fangen Sie mit dem Roller an. Der lange in Versunkenheit geratene *Roller* verlangt vom Kind dieselben Fähigkeiten, die es auf dem Fahrrad braucht, nämlich Feingefühl für die Balance,

fürs Lenken und für die gelunge-
ne Verbindung dieser beiden Dinge.

Der Roller indes hat dem Fahrrad
eines voraus: Er ist weniger bles-
surenträchtig. Inzwischen werden
im Handel wieder mehr luftbereif-
te Kinderroller angeboten (die
Holzroller taugen nichts). Mit
dem Roller kann sich Ihr Kind
langsam an die Bewegungsabläufe
des Zweiradfahrens herantasten,
kann Bremsen und Kurvenfahren
üben – und wird in der Zwischenzeit so groß, daß seine Beine an
einem vernünftigen Kinderrad
auch den Boden berühren. Führt
Ihr Kind Ihnen eines Tages Sla-
lomkurven oder ähnliche Kunst-
stücke mit dem Roller vor, dann
ist es reif fürs Fahrrad.

Natürlich wird nicht jede Familie den Weg über den Roller gehen können, dessen Anschaffung
sich sowieso nur lohnt, wenn die
Kleinen ihn auch als vollwertiges
Transport- und Spielmittel akzep-
tieren oder wenn er an Geschwi-
ster weitergegeben werden kann.

Fahren mit Stützrädern

Sollte sich die Oma bei Ihnen
durchsetzen, so könnte es sein,
daß auf einmal ein Rädchen mit
«Sicherheitsstützen» in der Garage steht. Diese Räder verwirren
die Kinder:

Zum einen gaukeln sie eine
Sicherheit vor, die nicht vorhanden ist. Außerdem sind das Fahr-

verhalten und die Steuerbewegun-
gen ganz anders als im echten
Leben: Wie beim Auto genügt
beim Kurven nach links ein linker
Lenkerschlag, ohne das Körpergewicht zu verlagern. Auch werden
Fahrbahnunebenheiten durch die
drei Fahrspuren ganz anders an
den Piloten weitergegeben als
beim Zweirad (im Extremfall tritt
der Fahrer z. B. in einer Boden-
welle zu seinem großen Ärger
hohl …).

Nun gibt es natürlich Kinder,
die bereits mit drei bis vier Jahren
so sehr vom Wunsch nach einem
Fahrrad beseelt sind, daß Sie um
den Kauf der Stützhilfen nicht
herumkommen. Trotz oder wegen
der Stützen, Ihr Kind wird das
Fahrradfahren irgendwie erlernen …

Juhu, es klappt!

Kommt Ihr Kind vom Roller, so
klappt der Wechsel meist innerhalb eines Spaziergangs. Steigt Ihr
Kind direkt aufs Rad, so müssen
Sie die ersten Kilometer stützen.

Wählen Sie als Piste einen
leicht geneigten, hindernis- und
autofreien Weg. Achten Sie darauf, daß Kinder nicht auf unge-
schützten Plätzen fahren, bevor
nicht eine minimale Beherrschung
des Gefährts gegeben ist.

Sie können Ihr Kind dabei entweder an den Schultern festhalten
(bei «fortgeschrittenen Anfän-
gern» brauchen Sie die Hände nur

noch griffbereit neben den Schultern halten) oder aber an den Gepäckträger greifen; das lästige Bücken können Sie eventuell durch einen schräg von hinten in den Rahmen geschobenen und festgebundenen Besenstil vermeiden.

Anfahren und Anhalten

Da die Fahrgeschwindigkeit beim Anfahren und Anhalten am geringsten ist, sind dies die kritischen Momente der ersten Ausflüge. Gerade beim Anfahren bewährt sich deshalb eine leicht geneigte Strecke. Das Kind lernt hier, sich mit einem Bein abzustoßen und gleich danach kräftig in die Pedale zu treten.

Besonders das Anhalten will gelernt sein. Meist steigt das Kind zu früh vom Rad, weil es das sichere Bremsen noch nicht beherrscht und die Schaukelpartie bei geringer Geschwindigkeit fürchtet. Hier hilft nur üben, üben, üben.

 Rutscht Ihr Kind beim Treten von der einen Sattelseite auf die andere, stimmt meist die Satteleinstellung nicht. Ein anderer Grund könnte ein zu weiter Abstand vom Sattel zum Lenker sein.

Bremsen

Leider bekommen gerade die kleinen Anfänger die Tücken der Rücktrittbremse voll zu spüren. Denn die richtige Verzögerung tritt nur dann ein, wenn die Kurbeln etwa in waagerechter Position nach hinten gedrückt werden – und hier stehen sie nun einmal nicht immer; auch entwickeln viele Kinder schnell Vorlieben für das Rücktreten nur mit dem rechten oder nur mit dem linken Bein. Meist greifen die Kinder dann auf ihre Schuhsohlenbremse zurück. Üben Sie mit dem Kind, damit es ein Gefühl für das Zurücktreten mit beiden Beinen bekommt. Ziehen Sie z. B. eine Linie, bei deren Überfahren es bremsen soll. Auf diese Weise wird es lernen, bei verschiedenen Kurbelstellungen möglichst ökonomisch zu bremsen. Auch kann sich das Kind gleichzeitig daran gewöhnen, die Vorderradbremse zu betätigen. Dies erleichtert das Absteigen und verkürzt beim plötzlichen Abstoppen den Bremsweg.

Die Beherrschung der Rücktrittbremse ist deshalb so wichtig, weil die Felgenbremsen traditionelle Schwachpunkte des Fahrrads sind: Bei einer Stichprobe der Technischen Hochschule Aachen waren 97 Prozent der Rücktrittbremsen funktionstüchtig gegenüber nur 40 Prozent der Felgenbremsen!

Auch die Montage von zwei

Handbremsen ist angesichts der Schwäche der kindlichen Hand keine schlechte Idee und gewöhnt das Kind schon an die Bremssituation beim späteren Wegfall der Rücktrittbremse, etwa beim Jugendrad.

Kurvenfahren

Üben Sie z. B. mit auf einen Parkplatz gestellten Eimern das Kurvenfahren. Ihr Kind lernt dadurch z. B., daß in der Kurve das kurveninnere Pedal oben stehen sollte, um einen Sturz zu vermeiden.

Umschauen während der Fahrt

Bei dieser Übung kann auch das Umschauen während der Fahrt erlernt werden. Dies ist deshalb wichtig, weil in der Regel beim Umschauen der Lenker «verzogen» wird; wir meinen: Diese Übung würde auch so manchem Elternteil durchaus guttun…

Einhändig fahren

Dies ist die Voraussetzung für das spätere Anzeigen des Richtungswechsels, z. B. beim Einbiegen. Gott sei Dank stellt sich diese Fähigkeit in der täglichen Praxis meist rasch von selbst ein. Bei dieser Gelegenheit werden die Kinder meist auch gleich das Freihändigfahren erlernen wollen, das zwar verboten ist, das die Kinder jedoch früher oder später von selbst ausprobieren. Lieber lernen sie es unter Ihrer Obhut als nachher an einem Berg mit 50 Sachen…

Die wichtigsten Regeln für die Kleinen (3- bis 8jährige)

Folgende Regeln sollte ein radfahrendes Kind auf jeden Fall kennen und beherzigen:

✔ Es muß zum Radfahren außerhalb von geschützten Räumen (wie z. B. der Hofeinfahrt) immer den **Fußweg** benutzen.

✔ Es muß die **Rechts-vor-Links-Regel** nicht nur kennen, sondern auch verinnerlicht haben (ca. ab 5 Jahre möglich). Nur so kann es an einmündenden Wegen oder Hofeinfahrten Gefahren vorhersehen.

✔ Jeder Bürgersteig endet einmal an einer Kreuzung. Ihr Kind sollte (und ist hierzu auch vom Gesetzgeber verpflichtet) vor dem Überqueren einer Straße unbedingt absteigen und das Rad nach vorherigem Schauen nach links, rechts und nochmals nach links über die Straße schieben. Wo es geht, soll es die Zebrastreifen benutzen: Der stolze Besitzer schiebt sein Rad nach ausreichendem Signalgeben und erst nach Stop des Autos ans andere Ufer.

✔ Ihr Kind muß einsehen, daß schmale und häufig frequentierte Bürgersteige problematisch sind – zwischen kleineren Kindern,

spazierengehenden Riesen und Kinderwagen ist es am besten, man
steigt ab.

✔ Das Kind muß wissen, daß es bei Gegenverkehr nach rechts aus-
weicht und sich, wo immer möglich, durch Klingeln usw. kenntlich
macht.

✔ Und natürlich müssen ihm die Ampelfarben bekannt sein (die Ihr
Kind wahrscheinlich schon herbeten konnte, als es noch den Schnuller zwischen den Zähnen hatte).

Liest man diese Regeln, so könnte man meinen, es sei nur das Kind, von dem «verkehrsgerechte Leistungen» verlangt werden. Es kommt jedoch genauso auf Sie als Eltern an: Versuchen Sie, den Kindern auch im Straßenverkehr Rücksichtnahme auf Schwächere zu vermitteln. Seien Sie Vorbild – wenn das Kind anhalten und schieben muß, sollen auch Sie anhalten und schieben.

Der Rechts-vor-Links-Reflex

Der Straßenverkehr hat die Evolution um zwei neue biologische Grundmuster bereichert: Den «Bei-Rot-ist-Schluß-Reflex» und den «Rechts-vor-Links-Reflex». Wer nicht in diesem Sinne reagiert, kommt unter die Räder – die automobile Gesellschaft hat sich ihre eigenen, grausamen Selektionsmechanismen geschaffen.

Bevor Kinder diese beiden Reflexe nicht in ihr biologisches Repertoire aufgenommen haben, haben sie im Straßenverkehr, und sei es auch nur in der «Spielstraße», nichts verloren.

Sie als Eltern können den Reflex folgendermaßen fördern: Machen Sie Ihr Kind schon im Kindersitz mit den wichtigsten Vorsichtsmaßregeln vertraut. Fahren Sie selbst nie bei Rot über die Ampel! Wer selbst nicht defensiv fährt, kann es von seinen Kindern nicht erwarten. Fahren Sie so oft es geht mit dem frischgebackenen Piloten mit; besprechen Sie die Gefahrensituationen mit ihm, und prüfen Sie durch Fragen immer wieder, ob es «mitdenkt». Fahren Sie bei solchen Übungsstrecken möglichst *hinter* Ihrem Kind, um zu sehen, ob es schon verkehrsgerecht reagiert.

Noch mehr Erziehung: Verkehrserziehung

Viele Eltern unterschätzen das Konfliktfeld, das sich mit dem Radfahren-Lernen auftut: Auf Deutschlands Straßen leben Radfahrer gefährlicher als alle anderen Verkehrsteilnehmer – und mehr als 50 Prozent der über 60 000 im Verkehr verletzten Radfahrer sind Kinder und Jugendliche.

Mit dem neunten Geburtstag wird das Kind zum potentiellen Verkehrsteilnehmer. Dennoch zeigt die Unfallkurve, die noch bis zum 12. Lebensjahr ansteigt und erst vom 13. Lebensjahr an wieder abfällt, daß Kinder in diesem Alter noch alles andere als sichere Radfahrer sind.

Daher kommt der Vorbereitung auf den Straßenverkehr eine existentielle Bedeutung zu.

Unser langfristig wichtigster Beitrag zur «Verkehrserziehung» ist sicher der, als Eltern für eine sicherere Verkehrswelt einzutreten. Dazu gehören Geschwindigkeitsbegrenzungen in Wohngebieten und das Anlegen von Fahrradwegen. Auch die Zurückführung des Autoverkehrs auf ein menschliches Maß sollte für Eltern ein selbstverständliches Anliegen sein, wissen sie doch, daß das schwächste Glied der Kette ihre eigenen Kinder sind.

Sind diese Gegebenheiten berücksichtigt, dann – und nur dann – kann die individuelle Verkehrserziehung ihren Sinn haben. Denn Verkehrssicherheit ist auch die Folge von politischem Handeln, von stadtplanerischen Entscheidungen, von einem ganzen Gefüge von wirtschaftlichen und gesellschaftlichen Zielvorstellungen. Die Gesetzmäßigkeiten von Reifung und Entwicklung des Kindes sind nicht manipulierbar, wohl aber ist es möglich, die Verkehrsumwelt, in die unsere Kinder hineinwachsen, so zu verändern, daß sie auch Platz für unsere Kleinen bietet.

Wann in den Straßenverkehr?

Wann Sie Ihr Kind in den Straßenverkehr entlassen, hängt sehr stark von den örtlichen Verkehrsverhältnissen und der psychomotorischen Entwicklung Ihres Kindes ab. Der Gesetzgeber sieht als frühesten Zeitpunkt das neunte Lebensjahr vor – doch da ein Kontakt mit dem Straßenverkehr auf der Fahrt zur Schule in der Regel unumgänglich ist (sei es nur zum Überqueren einer Straße), kann mit der Verkehrserziehung nicht früh genug begonnen werden.

Ziel der Verkehrserziehung (die ja auch von der Schule mitgetragen wird) ist die Sensibilisierung der Kinder für die Gefahren des Straßenverkehrs und für mögliche Vermeidungsstrategien (siehe unten).

Reifezeichen

Spätestens wenn das Nachbarkind mit dem Radl vor der Tür steht, um Ihren Sproß zu einer Spritztour abzuholen, werden Sie unabhängig vom Gesetzgeber überlegen, ob Ihr Kind für einen (meist unvermeidbaren) punktuellen Kontakt mit dem Straßenverkehr gerüstet ist. Folgende Checkliste kann eine Orientierung geben:

– Kann mein Kind während des Fahrens nach links, rechts oder hinten sehen und dabei die linke bzw. rechte Hand vom Lenker nehmen?
– Kann es dabei die Spur halten?
– Bedient es bei einer Vollbremsung beide Bremsen?
– Hat es den Rechts-vor-Links-Reflex (siehe oben) verinnerlicht?
– Kann mein Kind anhalten, ohne daß es zu früh vom Sattel muß?
– Kann es dicht an Hindernissen vorbeifahren, ohne sich verunsichern zu lassen und seine Spur zu verlieren?
– Kann es kleinere Hindernisse

wie z. B. Baumwurzeln auf dem Fahrradweg sicher überwinden?
– Kann es langsam fahren, ohne dabei das Gleichgewicht zu verlieren?
– Kann es Kurven fahren und sich dabei seitlich und rückwärts orientieren?
– Kennt mein Kind die wichtigsten Verkehrsregeln (Vorfahrtszeichen, Anzeigen von Abbiegen und Fahrbahnwechsel, Rechts-vor-Links-Regel)? Weiß es, daß an Bushaltestellen auf aussteigende Fahrgäste unbedingt Rücksicht genommen werden muß?
– Ist es mit der Hitliste der Verkehrstücken vertraut (Radfahrer-Killerliste; siehe S. 92)
– Hat es gelernt, *defensiv* zu fahren, d. h. Rücksicht auf andere Verkehrsteilnehmer zu nehmen?
– Und nicht zuletzt: kann Ihr Kind wichtige Funktionsmängel an seinem Fahrrad erkennen, insbesondere ein eventuelles Nachlassen der Bremskraft?

Die Radfahrer-Killerliste
(sollte allen Radlern bekannt sein)

✔ Plötzlich sich öffnende Autotür – schon ist der Radfahrer niedergeklatscht (stets 1 m Abstand zu parkenden Autos halten!)

✔ Straßenbahnschienen und Gullydeckel greifen sich die Vorderräder und keilen sie ein – platsch, da liegt er.

✔ Ein schräg angefahrener Gartenschlauch oder Bordstein führt zu ähnlichen Resultaten.

✔ Fahrbahnmarkierungen werden bei Nässe zur Rutschbahn. Splitt, Sand und nasses Laub verringern die Bodenhaftung.

✔ Mit abbiegenden Autos ist trotz grüner Rad- oder Fußgängerampel zu rechnen.

✔ Gefährliche Autos stoßen mit Vorliebe aus verdeckten Einfahrten hervor (auch an Fahrradwegen!).

➔ Die Sicherheit auf Radwegen ist trügerisch: Viele Fahrradwege verstecken die kleinen Radler bei Ausfahrten oder einmündenden Straßen hinter Bäumen und parkenden Autos.
Besonders wenn Radwege linksseitig benutzt werden (nicht erlaubt), rechnen von links einbiegende Autofahrer vielfach nicht mit von rechts kommenden Radlern und «übersehen» sie.

➔ Vorsicht in Österreich! Hier gelten auf Radwegen andere Vorfahrtsregelungen als in den Nachbarländern. Radfahrer in diesem Alpenland müssen an ampellosen, mit einer gelb markierten Radfahrerfurt versehenen Kreuzungen dem querenden Verkehr Vorfahrt gewähren!

➔ Der häufigste Radwegeunfall geschieht an den Absenkungen zu den Kreuzungen, wenn der Radfahrer als Geradeausfahrer Vorfahrt hat und von abbiegenden Autofahrern nicht rechtzeitig bemerkt wird.

➔ Riskante Manöver führen leicht zu Unfällen. Beispiele: im Stau an Kreuzungen zwischen den Autos nach vorn schlängeln (oft gehen Autotüren plötzlich auf, oder allerhand Müll fliegt durch die Fenster). Oder: Nebeneinanderfahren auf belebten Straßen, da ist die Tuchfühlung mit dem Auto vorprogrammiert. Noch besser: den Hund an der Leine mit dem Fahrrad ausführen (da jault der Hund, wenn das Menschlein auf ihn fällt …).

➔ Das Kind muß wissen, daß ein Autofahrer auf der rechten Seite instinktiv keine Verkehrsteilnehmer erwartet; wer also rechts überholt, muß wissen, daß er mit dem Feuer spielt (dies gilt natürlich leider auch für die «ganz normalen» Fahrradwege ...).

Vorbeugen ist besser als bluten

Viele Unfälle können vermieden werden, wenn rechtzeitig Vorsorge betrieben wird. Hierzu gehört:

- *Ein geeignetes Fahrrad.* Der erste Schritt zur Sicherheit besteht in der Auswahl der richtigen Hardware (hierüber haben wir uns ja schon seitenweise ausgelassen). Und wenn es nur «Kleinigkeiten» sind, wie z. B. ein stabiler breiter Gepäckträger für die Schulmappe: allein schon durch die Verlagerung des Gewichtes vom Rücken ist ein entscheidendes Plus an Sicherheit gewonnen.
- Erhöhung der persönlichen Sicherheit durch das Tragen eines *Fahrradhelms* (siehe S. 50). Ein Verkehrserzieher in Nordrhein-Westfalen hat einen Minihelm konstruiert, den er bei Demonstrationen vor Schulklassen über ein Ei zieht. Wenn das auf den Boden geworfene Ei nicht zu Bruch geht, zweifeln die Kinder zunächst an der Echtheit des Eies, die dann über dem Waschbecken bewiesen wird; sicher ein wertvolles Aha-Erlebnis, wenn man den Kindern vermitteln kann, daß der eigene Schädel diesem Ei gleicht.

- Auch die regelmäßige (gemeinsame) *Wartung* des Fahrrades, die Sensibilität dafür, daß ein Fahrrad nicht «von alleine» funktioniert, gehört zum Vermeidungsverhalten. Bremsen sind dafür da, daß sie im Falle des Falles bremsen, und ein Licht bringt es nur dann, wenn es im entscheidenden Moment hell leuchtet ... (zum Sicherheitszubehör siehe S. 59).
- Auch die *Kleidung* spielt ihre Rolle: Kinder, die abends im Dunkeln fahren, sollten unbedingt mit Reflektorenbändern usw. versorgt sein; zumindest sollten sie helle Kleidung tragen.
- Zum Thema *Walkman* auf Fahrrädern: Sind Sie schon einmal mit einem Walkman Fahrrad gefahren (möglichst mit Power und durch eine schöne Landschaft)? Wenn nicht: probieren Sie es aus, es ist toll. Walkman hören auf dem Fahrrad ist allerdings verboten, und zwar zu Recht, denn zum vernünftigen Verhalten und zur Abstimmung im Verkehr gehören volltaugliche Ohren. Auch Ihre Kinder werden auf den Geschmack des Walkmans kommen, der ja sowieso zur postmodernen Kampfausrüstung gehört. Machen Sie Ihren Kindern klar: Solange sie mit vielen anderen Verkehrsteilnehmern im Gewühl fahren (z. B. in der Stadt), muß das Ding runter.

Die Verkehrserziehung im engeren Sinne

Praktisch flächendeckend findet in den Grundschulen aller Bundesländer im 3. oder 4. Schuljahr ein größerer Unterrichtsblock «Verkehrssicherheit» statt, der auch fahrpraktische Übungen enthält. Die Kinder erhalten als Abschluß eine Art «Fahrradführerschein», der die bestandene Radfahrprüfung bescheinigt. Keine Angst: Der «Führerschein» hat keinen offiziellen Charakter – auch wer durchfällt, darf weiterhin sein Rad benutzen.

Allerdings muß gezweifelt werden, ob das meist auf dem Schulhof, im autofreien Raum, vermittelte Wissen im echten Leben auch so verwertbar ist. Die Tatsache z. B., daß sich das Thema «Verkehrserziehung» in den ersten beiden Grundschuljahren in der Behandlung der Verkehrsteilnahme als Fußgänger erschöpft, erscheint reichlich wirklichkeitsfremd. Denn der aufrechte Gang zur Schule ist längst auf dem Rückzug; ein erklecklicher Teil der Kinder kommt mit dem eigenen Rädchen. Trotzdem wird bis zur 3. Schulklasse so getan, als gäbe es keine Fahrräder. Erst in der 3. Klasse lernen die Kinder dann «offiziell» das, was sie schon jahrelang tun: radfahren.

Lernziele

Lange Jahre hat man geglaubt, die Kleinen müßten nur die Verkehrsregeln hübsch ordentlich auswendig lernen, um als Verkehrsteilnehmer gerüstet zu sein. Die Analyse der Unfallstatistik jedoch zeigt, daß die Mehrzahl der Verkehrsunfälle von Kindern ihre Ursache *nicht* in Regelverletzungen hat, sie deshalb auch nicht auf dem Wege der Regelvermittlung hätten vermieden werden können.

Die meisten Kinderunfälle stehen vielmehr in einem engen Zusammenhang mit den außerordentlich komplexen Bewegungsanforderungen bzw. -abläufen auf dem Fahrrad: da muß geschaut, gehört, (voraus)gedacht werden – und dabei gleichzeitig ein zweirädriges Gefährt, womöglich einhändig, in der Spur gehalten werden. Die Verkehrserziehung wurde deshalb um den «psychomotorischen Ansatz» erweitert, der davon ausgeht, daß Kinder an die «Mehrfachhandlungen» auf dem Zweirad durch praktischen Unterricht gewöhnt werden müssen. Hierzu stellt die Deutsche Verkehrswacht z. B. fest: «Kinder sind zu sehr auf das Hier und Jetzt des Augenblicks bezogen, um Gefahren hinreichend vorausehen zu können. Gerade dies muß also im schulischen Unterricht angegangen werden» – ein weiteres Argument für den erwähnten psychomotorischen oder «motopädagogischen Aspekt», d. h.: die Förderung der Konzentrations- und Wahrnehmungsfähigkeit, der Bewegungssicherheit, der Reaktionsfähigkeit und der sozialen Kommunikation unserer Kleinen. Daß diese hehren Worte nicht in ein paar Unterrichtsstunden mit Inhalt gefüllt werden können, versteht sich von selbst. Das Dilemma ist: Obwohl die Kinder von ihrer biologischen Entwicklung her eigentlich noch gar nicht verkehrstüchtig sein *können,* sollen sie im Unterricht diejenigen Fähigkeiten erlernen, die ihnen die psychomotorische Reifung erst mit etwa 13 bis 14 Jahren beschert.

Solange also die schulischen Bemühungen den endgültigen Durchbruch nicht erzielen können, sind Sie als Eltern weiter gefordert: Sie können das eher symbolische Handeln der schulischen Verkehrserziehung auffüllen durch konkreten Beistand, durch möglichst häufige Übungen, durch konkrete Begleitung.

 → Spätestens wenn Ihr Kind am Verkehr teilnimmt, sollte es in der Lage sein, sich in die Sichtweise anderer Verkehrsteilnehmer hineinzuversetzen. Veranschaulichen Sie doch Ihrem Kind einmal bei gemeinsamen Autofahrten, welche Probleme aus der Sicht des Autofahrers durch Radfah-

rer entstehen können. Sie werden dabei allerhand beobachten: Kreuz und quer ohne Zeichengebung über die Fahrbahn kreuzende Schulkinder, plötzlich aus der Einbahnstraße auftauchende Mountainbiker (keine Bange, bevor es zur Kollision kommt, springt er schnell mit seinem Bike auf den Gehweg und fährt zwischen Kinderwagen und Omis hindurch auf den Zebrastreifen zu, bei dem er bei roter Ampel wieder auf die Fahrspur wechselt …). Eine solche Autotour ist auch ganz hilfreich, um das menschliche Lagerdenken zu hinterfragen und den Sinn von Verkehrsregeln zu erkennen.

→ Sie können die Autofahrt auch nutzen, um den Rechts-vor-Links-Reflex (siehe S. 88) Ihrer Kinder zu schulen: Machen Sie ein Spiel daraus, daß Ihr Kind bei jeder Vorfahrtsituation sagt «Vorfahrt beachten»; nach zehn «Richtigen» ist dann eine Belohnung fällig …

Praktische «Motopädagogik»

– Nutzen Sie möglichst oft die Gelegenheit zu gemeinsamen Radfahrten mit Ihren Kindern.
– Gewöhnen Sie Ihre Kinder langsam an stärkeren Verkehr: Wenn zwei Erwachsene mitfahren, sollten die Kinder in der Mitte fahren. Wenn nur ein

Erwachsener mitfährt, sollte dieser *hinter* dem Kind fahren, um Schutz vor überholenden Autos zu geben. Auf diese Weise lernt Ihr Kind, in unterschiedlichen Verkehrssituationen selber Entscheidungen zu treffen. Im Notfall können Sie korrigieren.

– Um die Geschicklichkeit und Fahrradbeherrschung Ihrer Kleinen zu erhöhen, machen Sie doch Fahrradübungen auf verkehrsfreien Plätzen. Ich erinnere mich an ein Spiel in unserer Jugend: Wir schraubten den Klingeln die Deckel ab, legten diese auf den Asphalt und versuchten sie im Vorüberfahren mit dem Reifen so zu treffen, daß sie möglichst weit wegsprangen.

Die Fahrt zur Schule

Sobald Ihr Kind mit seinem Fahrrad zur Schule fahren darf (hier spricht oft die Schulleitung ein Wörtchen mit), radeln Sie mit ihm den Schulweg mehrmals ab. Halten Sie öfters an und besprechen Sie mit ihm die Verkehrslage: Sichthindernisse, Hinweisschilder, Verkehrsregeln (z. B. Rechts vor Links) usw. Geben Sie Begründungen für bestimmte Wege (oder Umwege).

Sind Radwege vorhanden, müssen diese benutzt werden. Nur auf diesen dürfen Kinder Straßen auch ohne abzusteigen überqueren!

Begleiten Sie Ihr Kind so lange, bis Sie wirklich das Gefühl haben, Ihr Kind beherrscht den Weg mit all seinen Gefahren. Lassen Sie es erst dann alleine fahren. Finden Sie aber auch dann immer mal wieder einen Grund mitzufahren, um zu sehen, ob sich nicht Unaufmerksamkeit aus Routine breitmacht.

Ein wichtiger Aspekt, den Schulkinder unbedingt erlernen müssen, ist die richtige Plazierung des Gepäcks. Nennenswertes Gepäck ist am besten auf einem stabilen, mit einer ausreichenden Spannvorrichtung versehenen Gepäckträger aufgehoben – auf den Rücken gehören keine schweren Lasten wie Schulbücher usw.

Erst gar nichts verloren hat Gepäck am Lenker (wir Erwachsenen erinnern uns an die leidvollen Erfahrungen mit den Milchkannen, die wahrscheinlich jeden von uns einmal dahingemäht haben). Besprechen Sie die Möglichkeiten des Gepäcktransports mit Ihren Schulkindern!

Hand aufs Herz

Und wovon lernen die Kinder am meisten? Sie werden staunen: von Ihnen selbst. Deshalb sollten Sie sich fragen: Bin ich ein gutes Vorbild? Wie häufig nehme ich Sonderrechte (mal eine Ampel bei Spätgelb, mal ein riskantes Überholmanöver) in Anspruch? Kinder kriegen den Dreh schnell raus, ob das richtige Verkehrsver-

halten bloß pädagogische Absicht
ist …

Eine beliebte Vermeidungsstrategie: Autofahren

Vielleicht noch eine Bemerkung
zum Schluß: Es gibt Eltern, die
sich sagen: Wenn das Fahrradfahren so gefährlich ist: meine Kinder
sollen es besser haben. Aus Angst
betätigen sie sich als Taxifahrer
und bringen ihre Kinder mit dem
Auto in die Schule, in den Verein,
in den Flötenunterricht. So verständlich dies ist, so sollte doch
bedacht werden, daß den Kleinen
dadurch ein wichtiges Bewegungsfeld genommen wird und daß sie
von sportlichen und sozialen Erfahrungen ausgeschlossen werden.
Und wie Sie's auch drehen und
wenden: Eltern, die aufs Auto
setzen, leisten mit Ihrer sicher
gutgemeinten Vermeidungsstrategie ihrerseits einen Beitrag zur
Unsicherheit anderer radfahrender Schulkinder.

Informationen zum Thema:

«Fahrrad und Schule». Herausgeber: ADFC-Fachgruppe Verkehrspädagogik. Zu beziehen bei der
ADFC-Bundesgeschäftsstelle,
Postfach 107747, 28077 Bremen

4

Ausflug, Reisen,

Abenteuer

Reisegeschichten

Wer mag es bestreiten – wir leben ziemlich eingekeilt: in Städten (die meist nicht gerade das Zeugnis menschlicher Genialität sind), zwischen Terminen und Konventionen. Unser Spieltrieb, die Lust am Wind und an der Arbeit der Muskeln kommt dabei schlecht weg (und wird zur Beute der Werbung: «In jedem steckt ein Puma...»).

Früher sattelte man die Pferde, wenn die Krokusse blühten, und abends konnte man – wie jener Rittersmann in dem Roman «Gib der Nacht die Farbe Purpur» – der Liebsten berichten (die natürlich zu Hause bleiben durfte ...): «... in der klaren Luft dampften die frisch gepflügten Felder, als habe man der Erde Wunden beigebracht und mit dem Pflug ihre schützende Haut zerrissen – doch ich suchte nicht nur die Andacht der Natur: Wild faßte ich mein Pferd an und stieß es mit den Fersen in ein Muskelspiel, das mich immer weiter in das Land trieb, immer weiter durch ein Aderwerk von Flüssen, Tälern, Wegen ...»

Für eine solche Tour mußte man ein Pferd besitzen (dazu mußte man rund ums Jahr Heu usw. bereithalten), vor dem Ausflug einen schweren Sattel aus der Zeugkammer holen, diesen mühevoll aufs Pferd gurten, die Hufe prüfen, von den Torturen nach der Rückkehr (säubern, striegeln, Futter geben) ganz zu schweigen.

Heute brauchen Sie Flickzeug, ein kleines Werkzeugset, dann hängen Sie die Fahrradtasche an das Rad, und ab geht die Reise durch die Natur. Sie haben weitere Vorteile: Die Wälder sind erschlossen, Sie finden an jeder Ecke Übernachtungsmöglichkeiten (vom Zeltplatz bis zum Luxushotel), und Sie steuern ein Gefährt, das mit allen Wassern gewaschen ist: Gepäck läßt sich bequem zuladen, Kinder können in den Anhänger schlüpfen, moderne Textilien sichern eine wohltuende Unabhängigkeit von den Launen des Wetters, und das Scheckheft klemmen Sie sich auf die Pobacke.

Wem dies zu wenig «ursprünglich» ist, der kann nach Alaska fahren, nach Madagaskar oder ins Zentralmassiv. Das Abenteuer jedenfalls, so vernutzt, verplant und versaut die Erde an manchen Stellen ist, ist mit dem Fahrrad noch immer greifbar. Wer es nicht glaubt, soll es ausprobieren. Der folgende Bericht von unserer Sommertour 1991 kann Sie vielleicht inspirieren.

Damals in den Pyrenäen – Geschichte einer Radreise

«Mon Dieu» kam es aus der Pommesbude, die, um eine Rückwand zu sparen, direkt an das Seitenschiff der Dorfkirche angebaut war. Ein unbekanntes Flugobjekt hätte die Augen der Mademoiselle vielleicht noch ein Stückchen mehr geweitet, für eine Bekreuzigung reichte unser UFO (Unbekanntes Fahrobjekt) allemal: Unser mit Sack und Pack und Kind und Kegel bepacktes Tandem.

Die Aufnahme des Kindes in den Kindergarten ist für Eltern in vielerlei Hinsicht ein Signal: Für uns war es das unverrückbare Zeichen, daß wir durch die näher rückende Schulpflicht unseres Kindes schon bald in den sommerlichen Urlauberstrom eingegliedert sein würden.

Und so planten wir dieses Mal eine Tour, die es in sich haben sollte: vom französischen Zentralmassiv über die Pyrenäen ans Mittelmeer in Spanien.

Der erste, der mit der praktischen Vorbereitung auf die Reise begann, war unser zweieinhalbjähriger Sohn Simon. Darauf angesprochen, daß es wohl kaum möglich sein werde, auf dem Tandem auch noch Windeln mitzunehmen, meinte er spontan: Ab jetzt brauche er keine Windeln mehr, denn nach «Banien» wolle er auf jeden Fall…

Und so war es dann auch: Zwei Monate später starten wir nach einer kurzen Durststrecke mit vermehrtem Hosen-Auswaschen tatsächlich ohne Windeln in den Urlaub. Dafür haben wir allerhand andere Sachen dabei: Schlafsäcke, Zelt, warme Kleider, Spirituskocher, Spielsachen für den Kleinmann – und das ganze Fahrradwerkzeug vom Ritzelabnehmer bis zum Exzenterspanner: insgesamt 40 kg Gepäck.

Wir sind überrascht, wie gut sich alles unterbringen läßt: ein Schlafsack unter dem hinteren Lenkerbügel, der andere Schlafsack und das Werkzeug zwischen den Rahmenrohren, der Rest «konventionell» auf den drei Gepäckträgern und in der Lenkertasche.

Nach einer langen Zugfahrt (wir drei und zehn Gepäckstükke!) stellen wir uns vor dem Gepäckschalter in Clermont-Ferrand die bange Frage: In welchem Zustand würden wir unser Tandem antreffen?

Wir werden angenehm überrascht – DB und SNCF hatten dem *«long vehicle»* kein Haar gekrümmt (vielleicht war es einfach zu unhandlich zum Werfen.).

Die ersten Meter

Dann die ersten Meter im Verkehrsgewühl von Clermont; Tandemfahren hat etwas Schiffartiges an sich: der unbeirrbare Geradeauslauf, die Trägheit beim Antreten, die von dem langen Rahmen vermittelte Federung (zumindest des Vordermannes).

Kaum liegt der Industriegürtel von Clermont-Ferrand hinter uns, radeln wir in einer Stille, in der wir uns am Anfang fast verloren vorkommen. Überhaupt macht uns die Auvergne die Umstellung vom «zivilisierten», geregelten Alltag auf die doch elementareren Abläufe eines Urlaubs im Freien nicht gerade leicht: nächtliche Gewitter, steile Pässe, die plötzliche Nähe zueinander – vielleicht heilsame Anpassungsschwierigkeiten zu Beginn eines Familienurlaubs.

Nur unser kleiner Sohn findet sich in seiner Rolle als umsorgter Copilot sofort zurecht und spielt seine Spiele auf dem Schaffell, das, über den Lenkerbügel gewickelt, einmal sein Tier, einmal sein Haus oder Bauernhof ist. Bei starkem Fahrtwind zieht er sich das Fell über die Ohren und schläft oft mittags wieder für ein, zwei Stunden ein (um beim Aufwachen nachzufragen, ob wir jetzt endlich in «Banien» sind…).

Unsere Route verläuft über St. Nectaire, Condat, Aurillac. Die erste «Bergprüfung» bestehen wir am Puy Mary (Pas de Peyrol, 1582 m), wo uns ein endloses, an alten Schneeresten vorbeiführendes Sträßchen die größte Anstrengung unserer Tour abverlangt.

Ein Berg ist mit einem Tandem sicher nicht leichter zu fahren als mit einem Einzelrad. Aber das Gefühl, plötzlich von hinten «Schub» zu bekommen, den Atem des Partners oder seine aufmunternde Hand auf dem Rücken zu spüren, macht das Tandemfahren zu mehr als Fahrradfahren zu zweit.

Im Rausch der Tiefe

Und dann die Abfahrt in die Ebene. In immer neuen Formationen breitet sich die Landschaft des Cantal vor uns aus, schiebt uns ihre Bergrücken entgegen, die wir mit jeder Haarnadelkurve scheibchenweise abtragen, bis wir eintauchen in das langgestreckte, von brütender Hitze angefüllte Tal der Jordanne.

Bei solchen «Flügen» hat der Hintermann den eindeutig größeren Genuß. Bis auf gelegentliches Mitbremsen auf Zuruf hat er das Privileg, seinen Augen freien Lauf zu lassen.

An den Kurven halten wir immer wieder an, um die Felgen abkühlen zu lassen; zu oft haben wir von geplatzten Schläuchen bei überhitzten Felgen gehört. Und diese Pausen tun nicht nur dem Material gut: Die 210 kg, die wir mit unserem Gefährt auf die Waage bringen, ergaben einen respektablen Abtrieb, den der Vordermann beim Lenken schon zu spüren bekommt.

Dann rollen wir drei Tage durch die großen Ebenen der Célé, der Lot und der Garonne, in denen der Klatschmohn blüht und die Flüsse bereits zum Baden einladen. Wir spielen: «Ich seh etwas, was du nicht siehst …»

Bei der Farbe Schwarz bringe ich meine beiden Mitfahrer in Verlegenheit, bevor ich den Gegenstand dann selbst verrate: Es ist der schwarze Asphalt, der so selbstverständlich vorüberrollt, daß meine Mitfahrer ihn gar nicht mehr bemerken.

Je näher wir den Pyrenäen kommen, desto wolkiger wird es, und als wir die Berge auch in den Pedalen spüren, versperrt uns eine graue Wolkenwand den Blick auf die Schneeberge: Der Satz auf dem Grenzschild zum Ariège-Département: «Ariège – la Terre Courage» – wird er zum Motto unserer Pyrenäenüberquerung werden?

Nach einigen Regenschauern reißt der Himmel wieder auf, und bei einem Pastis im «café de la République», irgendwo im Vorland der Pyrenäen, dampft die Nässe unserer Kleider wieder in einen hellblauen Himmel, unter dem sich die Boulespieler zur nächsten Runde formieren.

Die regnerische Woche, die dann dennoch kommt, verbringen wir bei einem Freund, der sich, wie eine ganze Gruppe Gleichgesinnter, in den 70er Jahren in den menschenleeren Tälern des Ariège eine einfache Existenz am Rande der Zivilisation aufgebaut hat.

Wir laden die Gepäckstücke und unseren Sohn auf das Pferd, mit dem unser Freund uns am Ende der Straße auf ca. 1500 m Höhe abholt, und überlassen uns einem Leben hoch über den letzten, fast verlassenen Dörfern der Pyrenäen, ohne Strom und ohne fließendes Wasser.

Die meisten dieser «Aussteiger» betreiben Viehzucht und ein wenig Landwirtschaft. Nebenher gehen viele einer Saisonarbeit als Waldarbeiter, Schafescherer oder Erntehelfer nach. Und die multinationale Einwanderergesellschaft hilft sich gegenseitig beim Bauen der Holzhäuser; ansonsten jedoch gehen die oft «nur» 500 m voneinander entfernt wohnenden Familien getrennter Wege.

Gebirgspfade

Nach dieser Zeit der Ruhe und der Erfahrung einer anderen, der unseren entgegengesetzten Lebensmöglichkeit beginnt die eigentliche Pyrenäenüberquerung: Col de Portet d'Aspet, Coule doux, Col d'Artigascou: bizarre Pässe vor dem eigentlichen Höhepunkt unserer Reise, dem Port de la Bonaigua auf 2072 m Höhe.

Viele der Pässe führen uns in Gebiete, die wir in Europa, zumal in Frankreich, nicht erwartet hatten: Pisten ohne Asphaltdecke (Col d'Artigascou), verlassene Dörfer, Kinder der oben erwähnten Siedlerbewegung, die nicht zur Schule gehen und deren Eltern im Wald ihr Lebensexperiment leben.

«Wir hassen die Schule», sagt uns am *Plan du Rey* ein Geschwisterpaar, das wir am Wegrand treffen, und illustriert mit verächtlichen Minen die ablehnende Haltung der Eltern gegen jede Form der staatlichen Miterziehung. Inzwischen taucht die Erziehungsbehörde von Zeit zu Zeit in den Holzhäusern an der Baumgrenze auf; die Eltern der schulpflichtigen Kinder sollen den Nachweis erbringen, daß sie den Lehrplan kennen und zu Hause den staatlicherseits geforderten «Ersatzunterricht» abhalten.

Die Entvölkerung der Dörfer hat ihre Spuren auch bei den verbliebenen Einheimischen hinterlassen, die nun häufig ihr Dorf mit den zugezogenen «Alternativen» teilen.

Mit Tränen in den Augen erzählt uns eine alte Bäuerin in Antras, wie sich die Jugend des Dorfes früher mit den jungen Leuten der angrenzenden Täler traf, oben auf einem bestimmten Paß, und ihre Feste mit den «Fremden» feierte, stets beargwöhnt von den älteren Frauen, die das Stelldichein der Jugend überwachten…

Wir zelten nun öfters oben auf den Pässen, mit Blick über die Bergketten, die mit ihren kubisch anmutenden Quadern und Dreiecken am Himmel aufgetürmt sind.

Kaum haben wir die französisch-spanische Grenze mit den sonnenbebrillten, spreizbeinigen spanischen Zollbeamten hinter uns, befinden wir uns schon im Val d'Aran, einem Seitental der Garonne, das sich von 900 m Höhe bis fast zur Schneegrenze zieht.

Vaqueira auf 1500 m, das wir uns auf der Karte als Übernachtungsort ausgesucht haben, entpuppt sich als Phantomstadt; außer Bauarbeitern, die an weiteren Hotels arbeiteten, ist in dem Wintersportzentrum niemand anzutreffen.

So treten wir weiter, schieben uns neben dem immer steiler werdenden Tal auf die Schneegipfel zu. Jeder Gangwechsel wird von der Steigung gleich wieder aufgesogen. Und wieder stellt sich das Gefühl ein, inmitten einer einsamen, verlassenen Welt in das gleiche Ritzel zu treten, denselben trägen Tanz zu tanzen, bei dem sich jeder Tritt aus den Bewegungen des Partners wie von selbst ergibt.

Als unsere Kräfte in den endlosen Haarnadelkurven zu schwinden beginnen, zeigt uns eine Schutzhütte auf 1900 m Höhe an, daß wir hier endlich ein Stückchen ebenen Untergrunds für unser Zelt finden werden.

Wir verbringen einen euphorischen Abend bei Spaghetti und Wein eine halbe Fahrtstunde vor unserem letzten Pyrenäenpaß und breiten vor den Schneebergen unsere Karte aus, um den weiteren Weg bis zum Mittelmeer zu markieren.

Ein Blick zurück

Die ersten Wanderungen mit dem Fahrrad waren nicht unbedingt ein Honigschlecken. Zwar wurde schon 1893 in einem historischen Wettrennen von Wien nach Berlin (580 km) belegt, daß der Herr im Fahrradgestühl etwa doppelt so schnell vorwärtskommt wie sein Kollege im Pferdesattel – doch ging es auf dem Fahrrad nicht unterhalb dessen ab, was wir heute als Extremtour bezeichnen würden: Da die Räder in der Regel nur eine Bremse hatten, wurde die Bergabfahrt zur Prüfung auf Leben und Tod, und der 1922 von einer Fachzeitschrift ausgesprochene Rat kam nicht von ungefähr: «Das Anhängen von Baumästen beim Bergabfahren ist gefährlich und verboten.» Die Alternative allerdings war auch nicht verlockend: «Versagt einmal die Vorder- oder Rücktrittbremse, so steckt man die Zehenspitzen in die Vorderradgabel und bremst damit…». Da der Tourismus mangels Freizeit noch nicht etabliert war, gaben die einschlägigen Zeitschriften immer wieder Regeln für das Benehmen auf der Straße und den Umgang mit dem «Publikum» aus – also mit den Menschen auf dem Lande, die sich bisweilen sprachlos über reiseradelnde Städter wunderten, bisweilen aber auch handgreiflich und unterstützt von Hunden gegen die Radtouristen angingen.

Schon damals wurde der Wert einer vernünftigen Ausstattung des Fahrrades erkannt, und so wurden z. B. Kot- oder Schmutzfänger empfohlen, damit der Radler nicht etwa im Gasthause «geringschätzig behandelt oder sogar zurückgewiesen» werde. Anders als bei den heutigen Mountainbikern handelte es sich bei diesen Schmutzfängern jedoch nicht um einsteckbare Plastikbleche, sondern um reine Naturprodukte: Nach dem Rat der Redakteure nämlich sollten «blätterreiche Zweige, etwa armlang» unter den Sattel oder in das offene Sattelrohr gesteckt werden …

Was uns Heutige mit den Radfahrern von damals verbindet, ist der Kampf gegen Wind und Wetter und damit die Frage nach den richtigen Textilien für Kleidung, Zelt und Bett sowie die Frage, wie dies alles am besten auf dem Velo zu transportieren sei. Wie weit die Menschheit mit der Lösung dieser Probleme gekommen ist, lesen Sie in den folgenden Abschnitten. Vorher jedoch diskutieren wir eine brennende Frage:

Ein Prosit, ein Prosit der Gemütlichkeit

Oder: Können Ungeübte radfahren?

Die meisten Deutschen scheinen der Werbung, die Dynamik und ewige jugendliche Kraft von ihnen verlangt, zu widerstehen: Alle starten als 3-kg-Winzlinge ins Leben und erhalten sich bis etwa zur Verfünfundzwanzigfachung ihres Körpergewichtes tatsächlich eine gewisse, sozusagen natürliche Sportlichkeit. Ab dem dritten Lebensjahrzehnt jedoch wird's für die meisten nur noch gemütlich: Büroarbeit, «Individualverkehr» in der eigenen Limousine und zur Erholung ein wenig Alkohol plus das unvermeidliche Fernsehguckloch – «viel zu früh» findet man sich wieder als abgeschlaffter, übergewichtiger Büroinsasse, Hausinsasse, Autoinsasse … In den Vierzigern gilt schon als Hochleistungssportler, wer ab und zu mit dem Fahrrad zur Arbeit fährt.

Schlechte Karten fürs Fahrrad? Ja und nein. Denn natürlich macht sich eine moderate Sportlichkeit ganz gut auf einem Gefährt, das durch körperliche Arbeit angetrieben wird. Zur Freude an der Bewegung gesellt sich dann die Freude am mühelosen Vorwärtskommen. Andererseits bietet das Fahrrad ideale Voraussetzungen für weniger sportliche «Einsteiger»: Sie können einen oder zwei Gänge runterschalten, wenn's streßt, und jeder Tag, an dem Sie fahren, trainiert für den nächsten. So sammeln Sie schneller Kraft und Puste, als Sie denken. Und außerdem setzen Sie sich sicher nicht aufs Fahrrad, um sich mit Ihrem triathlontreibenden Nachbarn zu messen, oder?

Hauptsache, es geht was schief: mit Kindern im Urlaub

Vorwurfsvoll, als ob dadurch noch etwas zu retten wäre, schauten wir auf die vor uns angehäuften Fahrradteile: Der Körper des Freilaufes, ohne den ein Fahrrad erbärmlicher daherkommt als ein Schlitten ohne Schnee, war zerborsten. In Südbulgarien, wo die Wölfe durch die Wälder ziehen, sicher keine lustige Diagnose.

Unser vierjähriger Steppke dagegen fand's prima: «Müssen wir jetzt schieben?» Mama und Papa werden's schon richten.

Die meisten Eltern haben es beim zweiten oder dritten Urlaub mit den Kindern raus: Mach dir nur keinen Streß mit einem ausgeklügelten Reiseziel oder dem perfekten Kinderurlaub. Für Kinder

Mit Kind und Kegel am Lago

zählt nur eins: daß mindestens einmal am Tag etwas schiefgeht. Pech, Pannen und Abenteuer, das ist der Geschmack unserer Kleinen, und es darf als typisch betrachtet werden, was uns die fünfjährige Karin in der ZEIT vom 26. März 1993 anvertraut: «Ich möchte gern noch mal nach Bayern auf den Campingplatz, wo ich letztes Jahr war, weil ich es witzig finde, wenn in der Gewitternacht von unseren Nachbarn das Vorzelt wegfliegt.»

Es spricht also nichts gegen einen Fahrradurlaub.

Der Weg ist das Ziel

Sie als Eltern bringen außerdem folgende Voraussetzungen mit:

– Sie sind kompromißbereit: Ihr Kind wird vielleicht weniger als Sie an der Andacht der Natur interessiert sein und einen lärmigen Campingplatz der stillen Obstwiese vorziehen, weil es dort andere Kinder zum Spielen findet. Zelten Sie an einem Tag auf der Obstwiese, am anderen auf dem Campingplatz.
– Sie sind nicht auf bestimmte Ziele festgelegt. Wenn Sie meinen, zu der und der Zeit noch genau bis da und dahin kommen zu müssen, haben Sie gute Chancen, den Tag mit Geschrei und Gezänk zu beenden. Sie können's noch steigern, indem Sie sich und Ihre Begleiter mit

ständigen Vergleichen mit anderen nerven. Denken Sie daran: Sie sind im Urlaub und nicht im Wettkampf!
– Sie freuen sich an spontanen Entschlüssen. Je klarer umrissen die Vorstellungen sind, mit denen Sie in den Urlaub starten, um so sicherer geht er schief.
– Sie kennen sowohl Ihre als auch die Leistungsgrenzen Ihrer Kinder. Beachten Sie diese nicht, so wird das Abenteuer im Streß untergehen. Besonders die ersten Tage der Tour sollten geruhsam angegangen werden. Steigern läßt sich dann immer noch.
– Der Weg ist das Ziel. Sie sind offen für die Freuden des Unterwegsseins und kennen die motivierenden Eigenschaften eines Eisbechers, einer Kaffeepause, eines Bierchens. Ist das Ziel nicht eigentlich nur ein notwendiges Übel, das unser Reiseerlebnis brutal beendet oder unterbricht?
– Sie wollen etwas **gemeinsam** mit Ihrem Partner und den Kindern erleben. Sie knirschen nicht mit den Zähnen, wenn der Schwächste das Tempo macht. Der Ausflug endet sonst so, wie Sie das von der deutschen Durchschnittsfamilie kennen: ER fährt meilenweit vorneweg (schwitzend, rotes Gesicht, Rennrad); dann kommt das Kind (lustlos, quen-

gelnd, Billig-Kinderrad), und SIE fährt hinterher wie eine Glucke (grimmiges Gesicht, Satteltaschen mit Proviant, Hollandrad). Jeder fährt für sich, beißt den verordneten Radausflug bis zum Ende durch, von gemeinsamer Freude keine Spur.

Radwandern.

Gewiß: den richtigen Fußgänger führt sein Pfad überall hin; er betritt die Zinnen der Berge und schaut beglückten Sinnes ins paradiesische Tal, in das er darauf fröhlich singend hinabsteigt. Er belauscht die verborgensten Schönheiten der Natur und genießt in Gemächlichkeit ihre Wunder. Das flüchtige Rad eilt auf glatter Bahn von Ort zu Ort, seltener rastend; „vorbei!" heißt seine Losung, und erst mit dem ermüdenden Körper erschöpft sich die Reise.

Laßt euch von euren lieben Kollegen über ihre Touren berichten — als Hauptbestandteil hört ihr immer heraus, daß sie eine bestimmte Strecke in einer unter allen Umständen so und so günstigen Zeit zurückgelegt haben. Von Erlebnissen, Beobachtungen, Erfahrungen aber vernehmt ihr kein Wort, es sei denn, daß ein Malheur dazu verholfen habe! Und doch wohnt dem Radwandern ein bildendes Moment, ein köstliches Geheimnis inne, das leider nur wenige sich zu erschließen verstehen.

Das köstliche Geheimnis des Radwanderns aus der Sicht unserer Großeltern

Vom Leistungswahn auf zwei Rädern

Oder: Wenn ich komme, bin ich da

Sicher hat Ihnen Ihr Nachbar, Marke dynamischer Mittfünfziger, auch schon berichtet, wie zu «seiner» Zeit Fahrrad gefahren wurde: 200 km am Tag (mindestens und ohne Gangschaltung), durchschnittsmäßig nicht unter 40–50 km pro Stunde. Imposant, oder, wo Ihr Fahrradcomputer nach 70 km «Tagespensum» wieder mal «nur» 18 km pro Stunde Durchschnittsgeschwindigkeit anzeigt? Unser Rat in Sachen Mittfünfziger: Zollen Sie erheblichen Beifall – doch glauben Sie kein Wort. Solche Zahlen gehören in die Rubrik «Jugenderinnerungen», denen aus psychologischen Gründen eine gewisse Unschärfe zu eigen ist. Die versöhnlichen Tachometer Marke «Saus-wie-der-Wind» aus der Nachkriegszeit, die auch im Stehen schon mal 20 km pro Stunde anzeigten, taten ein übriges, um den Ruhm des stolzen Besitzers zu festigen.

Geschwindigkeiten über 30 km pro Stunde auf der Ebene sind nur kurzzeitig und nur für geübte Radfahrer zu schaffen; stellt man die Gegebenheiten der Geographie und des Windes in Rechnung, sind Durchschnittswerte über 20 km pro Stunde für Nichtrennfahrer schon «traumhaft».

Aber warum geht es auf dem Sattel immer nur um Kilometerleistungen, Höchstgeschwindigkeiten, Pedalfrequenzen? Gerade das Fahrradreisen erlaubt es doch, einmal einen Kontrapunkt zu setzen zu der üblichen Rennerei nach Zielen und Terminen. Es geht doch um die Erlebnisse am Rande des Weges, und was die Ankunftszeit angeht, so kann man sich leicht und lässig bescheiden: «Wenn ich komme, bin ich da ...»

Fahrradurlaub für Eltern und Kinder

Sie haben sich für einen Fahrradurlaub mit den Kindern entschieden. Sagte ich Fahrradurlaub? Zu diesem Thema gibt es tausend Variationen, und je nach Geldbeutel, Laune, Lust und Alter der Kinder werden Sie sich für die eine oder andere Art entscheiden oder die einzelnen Arten zu einem individuellen Menü kombinieren. Wie wär's z. B. mit einer

– *Sternfahrt:* Hier lassen sich um einen festen Urlaubsort einzelne Reisefragmente anordnen, sie puzzeln sich sozusagen mit Ihren Kindern durch die Landschaft. Als Basecamp kann z. B. ein Bauernhof («Urlaub auf dem Bauernhof») dienen. Diese Form des Urlaubs bietet sich insbesondere an, wenn noch Kinder zu transportieren sind oder wenn die Kinder zum erstenmal selbst fahren. Es ist gleichsam die Schnupperversion eines «richtigen» Fahrradreise-Urlaubs.

- *Kombitour:* Warum denn immer nur Fahrradfahren? Wer auch am Wandern Spaß hat, kann die Velofreuden durchaus mit der Müllerslust kombinieren. Will er dabei auch noch zügig durch die Landschaft kommen, kann er die öffentlichen Verkehrsmittel in die Tour mit einbeziehen. Möglich macht eine solche Tour – die Bahn: Wer nämlich keine besonderen Ansprüche an seinen Untersatz stellt, kann sein Velo an Bahnhöfen mieten – nicht umsonst verfügen gerade die Alpenländer über ein dichtes Netz an Vermietbahnhöfen mit qualitativ akzeptablen Fahrrädern (so werden in der Schweiz und Österreich z. B. Mountainbikes, Kinderräder und sogar Kindersitze bereitgehalten). Besonders pfiffig: Die Rückgabe des Fahrrades kann an jedem Bahnhof erfolgen. In Deutschland allerdings bleibt's noch immer beim Standardangebot (Fahrräder ohne Gangschaltung und Dreigang-

räder), und Kindersitz und Kindersitzhalterung müssen separat mitgenommen werden! Kinderfahrräder sind rar gestreut, und auch die Rückgabe muß in der Regel am Vermietbahnhof erfolgen (Ausnahmen sind manchmal nach Rücksprache mit dem jeweiligen Bahnhof möglich). In allen Ländern ist für den Fahrradverleih eine Voranmeldung empfehlenswert, besonders für Gruppenreisen. Auskünfte erteilt jeder Bahnhof.

- *«Wanderfahrt»:* Die schönsten Fleckchen Erde sind von einem dicht geknüpften Netz von Wanderwegen überzogen, die z. T. der forstbehördlichen Landschaftspflege dienen. In dieses Netz kann man sich einklinken, und ab geht es durch Wälder und Wiesen, ohne ständig von irgendwelchen Autos gestört zu werden. Man kann auf diesen Wegen nebeneinander fahren, plaudern und abseits des Verkehrsstresses die Natur hautnah erleben. Die Mountainbikewelle sorgt für die nötige Ausrüstung: Ein Fahrrad mit starker Bergschaltung und breiter Bereifung ist sowohl für Eltern als auch für Kinder das ideale Rad für solche Seitensprünge. Wichtig sind gute Detailkarten (siehe S. 145).

- *Radtour ohne Gepäck:* Gewinnen Sie doch einen Freund für

den Gepäcktransport zum Zielhotel oder zur angepeilten Jugendherberge. Sie schaukeln dann mit Ihren Kindern gemütlich und unbelastet durch die Lande. Da sich bei längeren Touren nicht jeden Tag ein Freund findet, haben sich eine ganze Reihe von Reiseveranstaltern dieser Form des Urlaubs angenommen.

– *Organisierte Radreisen:* Unser Bewegungsdrang hat die professionellen Reiseanbieter auf den Plan gerufen. Sie können heute für sich und Ihre Kinder (ab zehn Jahren) organisierte Fahrradreisen in allen Variationen und in vielen Teilen der Welt buchen. Da Ihnen hier viel Streß und Unsicherheit abgenommen wird, kann eine solche Tour ein guter Einstieg ins Reiseradeln sein.

– Sie gilt noch immer als der Prototyp der Fahrradreise: Die *Campingfahrt* mit allem Drum und Dran. Im Gegensatz zu ihrem Ruf ist sie nicht unbedingt die billigste Version: Für den Preis einer guten Campingausrüstung läßt sich schon eine ganze Anzahl von Wochen in Hotels verbringen. Dafür bietet sie ein hohes Maß an Unabhängigkeit, und das Flair des Vagabundierens ist für viele zum Salz in der Suppe des durchorganisierten modernen Lebens geworden. Kinder sind Zigeuner, Landstreicher, Plattfußindianer aus Passion, und es wird kaum ein Kind geben, dem das Zelten und Köcheln und das Erlebnis der Natur keinen Spaß macht (unser Kind Simon z. B. hat im Alter von vier Jahren auf den Fahrradreisen schon eine ganze Anzahl von Tieren in freier Wildbahn gesehen, die andere Kinder nur aus dem Zoo kennen, darunter Wolf, Stachelschwein, Schildkröte, Storch, Elch, Dachs und Delphin). Dies ist auch der Grund, weshalb wir in den folgenden Abschnitten viele Informationen zu diesem Reisethema anbieten.

– *Fahrradreise mit Schwerpunkt Vergnügung:* Fahren Sie doch mit Ihren Kindern von Jahrmarkt zu Jahrmarkt, Dorffest zu Dorffest, besonders in den Sommerferien ist dies ja ein unerschöpfliches Betätigungsfeld. Dazwischen können Sie Würstchen braten oder angeln gehen – Fahrradfahren ist dabei «nur» das lustvolle Mittel zum Zweck und zum Atemholen.

Tips für die Tour

Für welchen Fahrradurlaub auch immer Sie sich entscheiden, folgendes will bedacht sein:

✔ Wenn weder Sie (zum Beispiel als Lehrer) noch Ihre Kinder schulpflichtig sind, nutzen Sie Ihr schönstes Privileg: Wählen Sie die Reisezeit außerhalb der Saison – leerstehende Quartiere laden zu spontanen Planungen ein, Landschaft und Strand sind vom mitmenschlichen Gewusele befreit, und Ihr Geldbeutel hält länger durch.

✔ Die Route will mit Bedacht und guten Karten (siehe S. 145) geplant sein. Die schönsten Routen sind dabei meistens «Umwege»; Direktverbindungen sind oft durch Schnellstraßen verbaut. Leider gilt dies auch für viele Täler, die z. T. mehr Verkehrsfluß als Fluß zu bieten haben. Es gilt: Je kleiner die Kinder sind, desto autofreier muß die Route sein, und umgekehrt: je mehr Sie an einem Tag vorankommen wollen, desto mehr Autoverkehr müssen Sie in Kauf nehmen. Viele sehenswerte Landstriche sind inzwischen durch markierte Radfernwanderwege erschlossen. Ein Ratgeber *(Hofmann, Froitzheim: Radfernwege in Deutschland, Bielefelder Verlagsanstalt)* kann z. B. über den ADFC bezogen werden (Adresse im Anhang).

✔ Eine Versicherung gegen Pannen gibt es nicht, technisch einwandfreie und frisch gewartete Fahrräder jedoch sind fast schon eine hundertprozentige Vorsorge (siehe Kapitel 5).

✔ Eine genaue Planung hat Vor- und Nachteile: Ist alles vorgeplant, sind Sie gebunden (z. B. an ein «Tagespensum»), und der Raum für spontane Entschlüsse («hier bleiben») fehlt bitterlich. Andererseits kann es besonders in den Ferienwochen unabdingbar sein, sein Quartier vorzubestellen – nichts nervt mehr, als müde und hungrig nach einem freien Quartier zu suchen.

✔ Der Langsamste bestimmt das Tempo. Wie schnell der Langsamste ist, läßt sich in gewissen Grenzen beeinflussen. So ist ein Lastenausgleich z. B. möglich durch eine Gepäckumverteilung: Der stärkere Fahrer transportiert das Gepäck des schwächeren. Bei Gegenwind fährt der stärkste vorne. Doch wer mit kleinen Kindern auf Reisen geht, sollte sich ruhig auf ein bißchen Schieben einstellen.

✔ Machen Sie ausreichend Pausen – und vergessen Sie nicht die «unnützen» Dinge wie z. B. einen Ball und die Kuscheltiere. Und immer sollte Zeit sein für die vergnüglichen Dinge am Wegesrand: Jahrmärkte, Eiswagen, Badeseen. Ruhetage entspannen Alt und Jung und bieten den nötigen Rahmen für das Austoben des Spieltriebs.

✔ Es grenzt schon an die Lagerhaltung eines Tante-Emma-Ladens, was bei einer Fahrt mit Kindern alles bedacht sein muß: Nehmen Sie auf jeden Fall immer genügend Windeln mit, Sie kommen sonst unter Garantie mit einem Sechzigerpack aus dem nächsten Supermarkt wieder heim. Dasselbe gilt für Getränke, viele Kinder haben schon im deutschen Forst einen Durst wie bei der Durchquerung der Wüste Sahara. An Schnuller und Plüschtiere werden Sie auch schon gedacht haben, weiteres steht auf S. 75ff.

✔ Fahren Sie mit mehreren Kindern in der Gruppe, so sollten Sie klare Regeln aufstellen (Wer fährt vorne? Was tun an Kreuzungen? usw.). Ein Rückspiegel kann hier ausnahmsweise hilfreich sein.

✔ Wer mit seinen Kindern lange und anspruchsvolle Touren unternehmen will, muß für die entsprechende «Hardware» sorgen: Maßstab sollte dabei Ihr eigener Anspruch an ein «gutes» Tourenrad sein.

✔ Wenn aus den kleinen Radlern Teenies werden, ist die Kondition oft weniger limitierend als die Motivation. Bevor es auf Fahrradwegen zum Generationenkonflikt kommt, sollte das Projekt «Gemeinsamer Fahrradurlaub» abgeblasen werden – man kann Teenies nicht zum Radeln zwingen, und ein Urlaub auf getrennten Pfaden kann für Jung und Alt befriedigender sein als ein nur mühsam durchgehaltenes Gemeinschaftserlebnis.

Der Berg

Viele werden sehnsüchtige Blicke auf die grünen Flächen des Schulatlasses werfen, verheißen die Ebenen doch unbeschwertes Fortkommen. Aber wollen Sie wirklich von morgens bis abends Getreidefelder sehen? Es gibt Ebenen, da ist es schon ein Erlebnis, wenn die Straße einmal eine Kurve macht. Und der Berg? Hier gibt es Widersprüchliches zu berichten, tatsächlich steht der Radfahrer in einem ambivalenten Verhältnis zum Berg: Im Hier und Jetzt geht's hart zur Sache, doch im nachhinein werden die schwierigsten Aufstiege meist als die eigentlichen Höhepunkte der Reise empfunden. Das heißt nicht, daß Sie nun Ihre Route immer in der Fall-Linie planen sollen (hügelige Landschaften tun's – zumal mit Kindern – auch), aber vielleicht gelingt es Ihnen, dem Berg ohne Angst zu begegnen.

Berge sind oft die Juwelen einer Fahrradreise. Kehre um Kehre schraubt man sich höher, befreit sich von der Ebene, und das Auge, das zusehends ins Leere greift, signalisiert: Jetzt, wo du die Schwerkraft am meisten spürst, bist du leichter denn je …

Wehmütige Erinnerungen eines

Der Berg ist nur zu packen, wenn alle anpacken

Masochisten? Berge können quälen, die Beine lähmen, den letzten Atem und Nerv kosten. So mancher ist am Berg umgekehrt und hat sich von Stund an bequemeren Verkehrsmitteln anvertraut. Tatsächlich: Der Kampf mit dem Berg macht nur so lange Spaß, wie man ihn gewinnt. Zwischen beiden Erfahrungen liegt oft nur ein schmaler Grat: Ein zusätzlicher Berggang vielleicht, ein bißchen zusätzliche Kondi-tion, ein Stückchen guter Stimmung. Die folgenden Anregungen sollen Ihnen helfen, am Berg auf der «Schmetterlingsseite» zu fahren:

Alles, was wir in diesem Buch über das Gepäck am Fahrrad gesagt haben: am Berg wird es noch wahrer (siehe S. 135).

Begegnen Sie dem Berg mit Ihren Zähnen! Wir meinen nicht Ihr Gebiß, sondern die Zähne Ihres Ritzels – wer eine gute Schaltung (mit möglichst kleinem drittem Kettenblatt) hat, ist am Berg fein heraus – oft ist die «richtige» Schaltung geradezu die Eintrittskarte zur Schmetterlingsseite. Sie können dann nämlich in der richtigen *Bergtechnik* fahren, und die sieht so aus:

So einfach isses – Anzeige aus dem Jahre 1906. Kola-Pastillen ersetzen Training; heute ein Fall für die Doping-Kommission.

Die Technik am Berg

- Beginnen Sie viel langsamer, als Sie könnten. Ihr Stoffwechsel hat nun Zeit, «in die Gänge» zu kommen.

- Auch wenn Sie «eingefahren» sind, versuchen Sie's nie mit Gewalt.

- Im Gegenteil, fahren Sie eher in einem *niedrigeren Gang* und in einem langsameren Tempo. Sie werden einen angenehmen Rhythmus unterhalb Ihrer Leistungsgrenze finden. Klar, Sie sind mit diesem Rhythmus etwas langsamer – aber dafür unaufhaltsam! (Unser Autorenkollege Stefan Etzel nennt dies in seinem übrigens sehr empfehlenswerten Buch «Mit dem Fahrrad unterwegs» sehr treffend die «Technik des gezielten Langsamfahrens»).

- «Ein Päuslein in Ehren …» – wie hältst du's mit den Pausen? Es gibt Leute, die fahren einen Berg durch, auch wenn es dabei hart ans Eingemachte geht; und sie haben dafür einen guten Grund: Jede Pause läßt unseren mühsam aufgebauten Rhythmus in sich zusammenfallen wie ein Kartenhaus – unser «Bergstoffwechsel» schaltet wieder auf Normalbetrieb. Das anschließende Wiedereinfahren ist eine mühselige Angelegenheit und gibt uns Anlaß, die Worte unserer Altvorderen zu bestätigen: «Wer rastet, der rostet». Dennoch sind Pausen köstlich und oft die einzige Möglichkeit, einen Berg zu schaffen – vorausgesetzt, Sie beachten die «zwei goldenen Pausierregeln», die da lauten: Kurze Stehpause geht vor Sitzpause (maximal drei Minuten, am besten mit dem Fahrrad zwischen den Beinen!) und: Wenn schon Sitzpause, dann gleich eine längere Rast. Wirklich von Übel sind die «Nicht-Fisch-nicht-Fleisch-Pausen» zwischen 3 und 20 Minuten, hier kühlt die Betriebstemperatur auf fröstelige Werte ab, die Muskeln verspannen sich, und der Stoffwechsel weiß nicht mehr aus noch ein.

Wo so viel von der richtigen «Bergtechnik» die Rede ist, soll die Ebenentechnik nicht verschwiegen werden:

Die Mühen der Ebene

Viele meinen, es seien die strammen Waderln, die dem Rad den richtigen Tritt geben. Wer's jedoch nur mit der Kraft hält, quält vor allem sich selbst. Denn Radfahren ist ein Ausdauersport – und hier zählt vor allem der lange Atem und – Sie werden staunen – die Eleganz. Vielleicht verstehen Sie mich, wenn Sie einmal die konzentrierte Lässigkeit afrikanischer Langstreckenläufer beobachten. Mit purer Kraftentfaltung hat dieses Laufen wenig zu tun. Aufs Fahrradfahren übertragen gibt es vor allem zwei «Eleganzfaktoren»: Die Pedalierfrequenz und den «runden Tritt». Viele Radfahrer schieben ihr Rad mit viel zu langsamen Pedalbewegungen durch die Gegend: Statt schnell und leicht zu treten, drücken Sie mächtig in die Pedale –

zum Nachteil ihrer Ausdauer (und der Knie, die stark belastet werden). Denn wer schnell und leicht kurbelt, hält länger durch, die Profifahrer machen dies eindrucksvoll vor.

Auch ein weiteres Eleganzphänomen können Sie von den Rennfahrern abschauen: den «runden Tritt». Otto Normalfahrer fährt meist mit einem «Nähmaschinen»-Tritt: Wie die Kolben eines Motors sausen die Beine auf und ab. Indem die Kraft nicht rund auf den Kurbellauf verteilt wird, wird sie im wahrsten Sinne des Wortes verschleudert. Der unrunde Tritt des Normalfahrers begünstigt wiederum eine niedrige Tretfrequenz, da hier die Ecken im Bewegungsablauf noch einigermaßen ausgeglichen werden.

Wie sieht nun der runde Tritt aus? Ganz einfach (sagen alle, wenn's ein bißchen kompliziert wird …): Sie geben Kraft *über eine möglichst weite Strecke der Kurbelumdrehung*, Ihr Fußgelenk arbeitet sozusagen mit. Verständlicherweise kann dieser Tritt nur mit Riemen- oder Klickpedalen perfektioniert werden, mit denen der Fuß auch nach hinten und oben «ziehen» kann. Aber auch ohne Spezialpedale kann es bei einiger Übung passabel «rund» gehen.

Fahrradreisen mit behinderten Kindern

Pfiffige Konstrukteure haben auch für ältere behinderte Kinder verschiedene Möglichkeiten entwickelt, mit denen sich das Transportmittel Fahrrad nutzen läßt. Viele dieser Sonderkonstruktionen ermöglichen Eltern und ihren behinderten Kindern, ihren Bewegungsraum zu erweitern und Natur, Umwelt und Abenteuer auf Reisen zu erleben. Das Angebot reicht von Sesselrädern, Sesseldreirädern, Spezialfahrrädern zur Ankopplung von Rollstühlen und verschiedenen Tandemkonstruktionen bis hin zu Einzelanpassungen und speziellen Anbauteilen (z. B. verstellbare Fußstützen,

Handantrieb mit Kette zum Vorderrad, Rückenlehnen mit verstellbarem Bauchgurt usw.).

Konkrete Beratung zum Thema Fahrradfahren und Behinderung gibt der ADFC-Fachausschuß «Behinderte», der nicht nur eine fachlich fundierte Hilfsmittelberatung anbietet, sondern ebenso zur Frage der Kostenübernahme für Sonderkonstruktionen berät. Außerdem gibt der Ausschuß eine Fahrrad-Kassetten-Zeitung für Blinde und Sehbehinderte heraus. Adresse: ADFC Fachausschuß Behinderte, c/o ADFC Bremen, Postfach 107747, D-28077 Bremen. Inzwischen werden auch Fahrradreisen von verschiedenen Behinderten-Reiseorganisationen, etwa vom Bundesverband Selbsthilfe Körperbehinderter (BSK), angeboten. Auch einzelne Fremdenverkehrsämter haben sich auf das Radwandern für Behinderte eingestellt, so z. B. die Münsterland-Touristik «Grünes Band», Altes Rathaus, D-48565 Steinfurt.

Die Hardware für den Urlaub

Das Fahrrad zum Verreisen

Natürlich können Sie mit allem verreisen, das irgendwie rollt, Hauptsache, Ihr Gemüt ist wohlgestimmt. Weniger begabte Lebenskünstler, die die meisten von uns sind, werden jedoch ein Rad

auswählen, das die Beschwernis der Reise nicht noch zusätzlich steigert. Gott sei Dank haben wir die Kriterien für ein «gutes» Fahrrad schon in Kapitel 2 zusammengetragen, hier floß der Aspekt

Reisetauglichkeit ja bereits in unsere Wahlkriterien ein. Das Rad, das im Alltag unsere Einkäufe transportiert, trägt im Urlaub das Gepäck – die wenigsten werden sich für ein paar Reisetage ein Extra-Urlaubsrad zulegen. Fein heraus ist, wer sich für einen bergstarken Antrieb («Mountainbikeschaltung») entschieden hat, denn damit werden auch die Alpen nicht zum Alptraum. Auch wer ein Rad mit stabilem Gepäckträger und Lowrider (siehe S. 44) sein eigen nennt, sitzt auf dem richtigen Pferd. Daß zu **jedem** Rad, auf dem Lebewesen sitzen, ein bruchfester Rahmen, starke Bremsen usw. gehören, haben wir Ihnen ja im Zehn-Seiten-Rhythmus bis zu dieser Stelle verkündet, und es sei hiermit wiederholt. Na, dann gute Fahrt!

Reiseaccessoires

Harte Fahrradfreaks meinen, es käme auf der Tour vor allem auf Rohrmaße, Übersetzungsvarianten und Speichendicken an, doch ob eine Tour zur Freude gereicht, hängt auch davon ab, ob wir den richtigen Schlafsack für die wohlverdiente Nachtruhe dabeihaben, ob wir die kulinarischen Seiten der Reise auch mit unserem Outdoor-Herd ausschöpfen können und nicht zuletzt, ob unser Gestängehotel wind- und wetterfest unter den Sternen steht.

Und mit den Reiseaccessoires

ist es ähnlich wie mit dem Fahrrad selbst: Die einen schwören auf Hightech, spezielle Mikrofasern und High-end-Kochvorrichtungen – die anderen reisen mit Jeans, Wackelzelt und Esbit-Kocher.

Ohne hier einen neuen Outdoor-Katechismus aufstellen zu wollen, wagen wir an dieser Stelle einmal mit der Behauptung vorzupreschen, daß bei allen Ausrüstungsstücken auf Reisen drei Qualitätskriterien zu beachten sind:
– Robustheit und Zuverlässigkeit,
– geringes Packmaß,
– Minimum an Gewicht.

Was die Preise der Ausrüstung (die im Outdoor-Bereich ziemlich gesalzen sind) in Grenzen halten kann, ist die klare Definition des Einsatzgebietes: Wenn Sie im Münsterland von Campingplatz zu Campingplatz ziehen wollen, brauchen Sie keine Expeditionsausrüstung, machen Sie mit dem gesparten Geld lieber einen längeren Urlaub. Auch muß man nicht alle Eskapaden und Membranen der Bekleidungsindustrie mitmachen (siehe unten), schon eine Garnitur «Radler»unterwäsche kann Ihr Urlaubsbudget mächtig schmälern.

Die sieben Regeln für die Fahrradbekleidung

Ohne das richtige Outfit steigen manche gar nicht erst aufs Fahrrad. Brillenmäßig, hosenmäßig, trikotmäßig muß es genau das sein, was die Tour-de-France-Fahrer über den Col de la Bonette bringt. Andere werfen sich in Jeans und Turnschuhe, und auch die Unterhose ist nicht im Bike-Shop gekauft. Welcher Fraktion Sie sich anschließen, ist Geschmackssache. Folgende Regeln wollen jedoch von allen Radlern beachtet sein:

✔ 1. Besonders bei Hosen muß auf ausreichende Weite in den Knien geachtet werden. Bei Wärme und Schwitzen ist der Spaß am Pedalieren sonst schnell dahin.

✔ 2. Pullover und T-Shirts müssen besonders lang sein, damit sich Ihr Rücken bei vornüber gebeugter Haltung nicht entblößt.

✔ 3. Hosenbeine und Kette – eine Geschichte von Liebe und Haß. Bändigen Sie Ihre Hosen mit Klettbändern, Klammern oder Sicherheitsnadeln. Dasselbe gilt für Rocksäume, die sich mit Vorliebe unter die Bremsbacken wickeln.

✔ 4. Mit allzu kurzen Hosen können Sie Ihre Schenkel leicht wund reiben. Was wurde dagegen erfunden? **Die Radlerhose!**
Sie macht den Mensch erst zum Fahrradfahrer. Dem Hörensagen nach hat sie wundersame Eigenschaften: Durch das elastische Material garantiert sie ideale Bewegungsfreiheit, und der Ledereinsatz soll das schlimmste Radlerleid verhindern: den wunden Po. Hierfür sollte der Sitzledereinsatz in der tiefsten Hockstellung mindestens noch 3–4 cm seitlich über die Sitzknochen hinausragen, damit die Nähte nicht das Gegenteil bewirken. Der Nachteil dieser Hose ist ihre vergleichsweise aufwendige Pflege (das Leder will geschmeidig gehalten werden, Kunstledereinsätze sind hier weniger nachtragend). Trotz seiner identitätsstiftenden Wirkung sollte das Utensil, das ja heutzutage ob seiner erotisierenden Wirkung auf den Betrachter häufiger in Discos als auf dem Fahrrad getragen wird, in seiner rein mechanischen (Schutz-)Wirkung nicht überbewertet werden.

✔ 5. Die Schuhe müssen leicht, luftig und doch fest sein. Eine stabile, rutschfeste Sohle soll den Pedaldruck auf den ganzen Fuß verteilen. Wer mit Pedalriemen fährt, wird extra Radlerschuhe zu schätzen wissen. Sie geben dem Fuß auf dem Pedal rundum Halt, sind jedoch für den aufrechten Gang nur bedingt geeignet.

✔ 6. Von den Füßen zu den Händen: **Radlerhandschuhe.** Diese sollen die Gefahr der Blasenbildung vermindern und evtl. das nach langer Fahrt oft auftretende Taubheitsgefühl in den Fingerspitzen reduzieren, indem sie die von der Straße ausgehenden Schwingungen abdämpfen.

✔ 7. Der Wind kann einem ganz schön an den Kragen gehen. Wenn er richtig zugreift, drohen Halsweh und Grippe – Windjacken usw. müssen deshalb hoch schließen, und ein Halstuch sollte bei keiner Radtour fehlen.

Schweiß, Wind und Wetter

Style hin oder her: Wo die Elemente Schweiß, Wind und Wetter zusammentreffen, ist mit poppigen Farben nichts mehr zu machen. Hier muß eine funktionale Außenhaut her. Dieses Bedürfnis nach dem richtigen Outdoor-Textil verbindet die ganze Freiluftsportlergemeinde – selbst Golfer sollen gelegentlich schon schwitzend gesehen worden sein. Und ich verrate hiermit, daß dies nicht eine Böswilligkeit der Natur ist, sondern daß wir ohne diese Funktion des Temperaturausgleiches elendiglich zugrunde gehen würden. Leider wird die Lebensrettung mit unangenehmen Effekten wie Auskühlung und einem unangenehmen Nässegefühl auf der Haut bezahlt. Zusätzlich muß unsere Kleidung nicht nur dem natürlichen Phänomen der Schweißabsonderung trotzen, sondern gleichzeitig noch Wind, Sonne und Regen zu einem angenehmen und womöglich leistungsfördernden Mikroklima transformieren.

Kein Wunder bei derart hohen Anforderungen, daß man heute nicht mehr einfach von Bekleidung, sondern von einem Bekleidungs«system» spricht. Und dieses System muß geradezu paradoxe Leistungen vollbringen: Einerseits soll Flüssigkeit (der besagte Schweiß) nach außen geleitet werden, andererseits darf keine Flüssigkeit von außen (Regen) nach innen dringen.

Das Schichtenprinzip
Ein solches wettertaugliches «System» könnte z. B. folgendermaßen aussehen:
– **Die erste Schicht** soll den Schweiß ableiten – sie mußte die Flüssigkeit also, wie der Name sagt, **leiten** können – hier bewähren sich die früher favorisierten Naturfasern nicht, da sie die Flüssigkeit eher speichern als weitertransportieren (so saugt Baumwolle z. B. 40 Prozent seines Eigengewichtes an Wasser auf und wird dann über lange Stunden zur feuchten [Kühl-]Packung). Neuere synthetische Fasern wie z. B.

die Mikrofasern dagegen leiten den Schweiß gut nach außen und sind entgegen der landläufigen Meinung («Kunstfaser – da geht man doch ein …») angenehm zu tragen, schnell trockenbar und meist bis 95 Grad waschbar.

– **Die zweite Schicht** muß nur in den kalten Monaten ran; sie dient der Trockenhaltung und Wärmung des Körpers. Sie muß ebenfalls den Wasserdampf des Schweißes nach außen transportieren können, andererseits aber auch behagliche Wärme spenden. Hierfür kommen neuere Materialien aus Mikrofasern wie z. B. Fleece zum Einsatz, aber auch Wolle (etwas ungünstigere Flüssigkeitsspeicherung) kann geeignet sein. Baumwolle dagegen ist auch in dieser Schicht ungeeignet.

– **Die dritte Schicht** soll Wind und Wetter trotzen, andererseits «atmungsaktiv» sein. Hier gehen die Bekleidungsfirmen jedes Jahr mit einer neuen Membran auf Käuferfang. Allen ist gemeinsam, daß sie in Grenzen zwar recht angenehm zu tragen sind, daß sie jedoch die Quadratur des Kreises nicht vollbringen können, d. h.: Wer in einem Regenguß trocken bleiben will, der muß bei freundlicherem Wetter Einschränkungen bei der Atmungsaktivität hinnehmen. Wer dagegen auch bei anstrengender Fahrt am Berg ein angenehmes Hautklima genießen möchte, der

muß in Kauf nehmen, im Gewitterregen naß zu werden. Diese ernüchternde Feststellung wird von einem simplen Rechenbeispiel unterstützt: Die beste der Allwettermembranen, Goretex, kann pro Quadratmeter in 24 Stunden 7 Liter Flüssigkeit entweichen lassen. Dies klingt zwar imposant, wenn man allerdings in Rechnung stellt, daß bei starkem Schwitzen schnell ein Liter in nur einer halben Stunde zusammenkommt und sich dieser Schweiß noch nicht einmal auf den besagten Quadratmeter verteilt, sieht man, wo die Grenzen sind. Zudem versagt der Porenmechanismus bei hohem Feuchtigkeitsanfall sowieso und funktioniert so richtig eigentlich nur in bestimmten Temperaturbereichen. Viele werden bei erfreulichem Wetter deshalb weiterhin mit leichterer Rüstung fahren und beim Regenguß dann einen wasserdichten Überzug aus der Tasche holen. So hat z. B. das Regencape noch immer viele Freunde (vielleicht gerade wegen der recht ordentlichen Belüftung?), wenn man damit im Wind auch leicht ins Schlingern gerät. Ein Cape kann im übrigen mal zum Notzelt oder zur Sitzdecke werden und erfreut den Besitzer dann ganz erheblich.

Tips für den Regenschutz

✔ Auf dem Fahrrad ist es wichtig, daß die Ärmel bei nach vorn gebeugter Haltung nicht nach oben gezogen werden. Außerdem soll die Jacke weit über die Nieren reichen und vorne den Schritt überdecken, um im Falle des Falles das Regenwasser nicht direkt ins empfindliche «Untergeschoß» zu leiten.

✔ Reflektierende Nahteinfassungen dienen der Sicherheit – denn wenn's regnet, ist es meist auch dunkel.

✔ Die Kapuzen sind oft katastrophal geschnitten – man fragt sich, welche Birnen den Designern als Modell dienen: Schaut man zur Seite, ist meist das halbe Gesicht verdeckt – auf dem Fahrrad ist das nicht akzeptabel. Auch sollte der Kragen des Windschutzes wegen weit hochziehbar sein.

✔ Auch der Schnitt der Jacke trägt zu ihrer Funktion bei: Einerseits soll noch warme Kleidung darunterpassen, andererseits soll der Stoff auf dem Fahrrad nicht im Wind flattern.

Kompromisse mit dem Regen

Wenn man sich das Ideal der Wasserfestigkeit einmal abgeschminkt hat, so scheinen die in den letzten Jahren auf den Markt gekommenen Mikrofasern ein akzeptabler Kompromiß zu sein – sie sind zwar nicht wasserdicht wie etwa Goretex, dafür recht windresistent, leicht und wesentlich «atmungsaktiver», außerdem preiswerter. Steckt man dazu noch eine dieser superleichten Nylonjacken oder ein leichtes Regencape ins Gepäck, ist man eigentlich für alle gängigen Klimazonen gerüstet.

Fortschrittsskeptiker haben es ja schon immer gewußt: Eigentlich ist das oben geschilderte «System» gar nicht allzuweit entfernt von dem, das bereits die Lappen vor hundert Jahren praktizierten, nämlich dem *Zwiebelschalenprinzip*: Durch das Übereinanderziehen verschiedener Lagen von Kleidungsstücken kann eine Anpassung des (damals sicher anders benannten) «Mikroklimas» durch An- und Ausziehen der einzelnen Schichten erfolgen. Dazu braucht Mensch allerdings das, was selbst viele Jacken im «Systemaufbau» nicht bieten: einen durchgängigen Reißverschluß.

Was im Weltraum recht ist, ist auf der Erde nicht unbedingt billig.

Von der Wundergläubigkeit ihrer technikbegeisterten Klientel angetrieben, ritten die Bekleidungsdesigner mit den High-Tech-Membranen in eine Sackgasse: Für den Preis einer «guten» Membranjacke kann man heute nach Afrika fliegen (und dem Regen auf angenehmste Art entrinnen). Eine solche Jacke verfügt allerdings oft noch nicht einmal über einen durchgehenden Reißverschluß, von anderen Belüftungsmöglichkeiten, wie etwa Öffnungen im Achselbereich, ganz zu schweigen. Vor lauter Membraneuphorie wurde vergessen, daß sich ein angenehmes Binnenklima nämlich auch durch geeignete und veränderbare Belüftung erreichen läßt: Wer schwitzt, macht die Jacke oder einzelne Belüftungsfächer auf – im Atomzeitalter ist das offenbar zu simpel.

Wetterschutz für Kinder

Was die Großen ärgert, können die Kleinen meist auch nicht ausstehen: Bis auf die Haut naß zu werden. Dies gilt in erhöhtem Maße für die mitfahrenden Kinder, die ja keine muskelbedingten Hitzewallungen gegen die Regenfront branden lassen können. Wenn Sie also Touren mit den Kleinen planen, so besorgen Sie zumindest für die Mitfahrer einen kompromißlos gut funktionierenden Regenschutz. Hier hält der Handel z. B. praktische Overalls aus «Friesennerz»-Material bereit. Eine solche Ölhaut ist übrigens auch ein guter Schutz gegen den Wind bei kaltem Wetter, der die unbewegten Kleinen ja besonders auskühlt.

Für die größeren Kinder, die selbst auf dem Fahrrad fahren, treten weitere Kriterien hinzu:

– So sollte deren Regenbeklei-
dung über helle Farben und Reflexstreifen verfügen.

– Natürlich muß, wie bei der Erwachsenenausrüstung auch, genug Platz unter den Jacken sein, um warme Kleidung darunter zu ziehen.

– Die Kordeln müssen so kurz sein, daß sie sich nicht im Rad verfangen können.

– Bei Ponchos ist darauf zu achten, daß diese nicht in die Speichen kommen.

– Auch für Kinder gilt: Die Kapuzen dürfen – etwa beim Drehen des Kopfes – die Sicht nicht beeinträchtigen.

– Bei Regen muß die Kapuze unter den Helm gezogen werden. Ist keine Kapuze vorhanden, so läuft Wasser vom Helm in den Kragen. Regenjacken ohne Kapuze scheiden daher von vornherein aus.

Outdoor und Camping

▨ Schlafsäcke für die Radreise

Das eine Drittel unserer Urlaubs-
zeit, das wir im Bett erleben, wollen wir unter möglichst angenehmen Umständen verbringen. Der
Tag kann feucht und matschig sein
– solange die Nacht nur trocken
und warm ist, hält Ihr Körper
ohne Klagen und Schnupfen
durch.

Wer die Herstellerprospekte
durchblättert, erkennt an den
meist in die Minusgrade reichen-
den Wärmeleistungen der Schlafsäcke (denen man ja nicht gleich
voll und ganz glauben muß), daß
zumindest für die Wärme Ihres
Schlafes gesorgt ist – im Gegenteil: im Sommer ist es vielen
Schlafsackbenutzern im Zelt eher
zu warm als zu kalt. Einen wirkli-
chen Vier-Jahreszeiten-Schlafsack
kann es nämlich nicht geben: Wer
im Winter komfortabel in Mor-
pheus' Armen ruht, der wird in
den Sommernächten ebendort
gegrillt.

Somit können wir unser Augen-
merk auf andere Dinge richten,
nämlich geringes Gewicht und
Packmaß. Dies ist für die Tour,
zumal in der Familie, entscheidend – hier addieren sich die Unterschiede der einzelnen Schlafsäcke schnell zu mehreren Kilo.
Vergessen Sie also als erstes die
Deckenschlafsäcke – wer sein

Bettzeug selber tragen muß, be-
vorzugt die enger geschnittene
und wärmere Mumienform. Diese
wird heute auch in einer «Let's-
move»-Version mit erhöhter Knie-
freiheit, sozusagen wie ein langge-
zogenes Ei, angeboten.

Daunenschlafsäcke – leicht, aber empfindlich?

Die Füllungen bestehen stets aus
einer Mischung von Daunen und
Kleinfedern – eine reine Daunen-
füllung wäre zu teuer und würde
wegen der fehlenden Stützkraft
der Kleinfedern rasch verklumpen. Das Füllgewicht, mit dem die
Hersteller gerne protzen, sagt also
über die Wärmeleistung noch
nicht viel aus. Die Daune allerdings gewährleistet die Wärmfä-
higkeit, so daß eine Mischung mit
einem Daunenanteil unterhalb
von 60–70 Prozent kaum brauchbar ist. Die Daunen stammen
dabei entweder von der Gans
oder von der Ente. Gänsedaunen
sind in der Regel hochwertiger als
Entendaunen.

Ein weiteres Qualitätskriterium
ist die Füllstoff**verteilung:** Ist der
Füllstoff nämlich nicht gleichmäßig verteilt, so läßt die Füllung
stellenweise Kälte durch. Um diese Verteilung zu gewährleisten,
wurden verschiedene Kammersy-
steme mit entsprechenden Naht-
techniken ersonnen: die Kälte-
naht (einfach durchgesteppt, wie
der Name sagt, recht kälteemp-
findlich), die Steg- und die (für

Minusgrade am besten geeignete) Schräg- und Trapeznaht. Um zu verhindern, daß die wärmende Daune nach allen Seiten wegrutscht, müssen diese Kammern möglichst schmal sein.

Die Kunstfaserfüllung

Mensch fliegt auf den Mond, Mensch kennt den Mars – warum soll er keine besseren Fasern entwickeln können als die dumme Gans? Die Fasern, die ins Rennen geschickt werden, folgen verschiedenen Konstruktionsprinzipien: dem Prinzip der Endlosfaser (Polarguard), die zu einem Vlies verarbeitet wird, oder dem Prinzip der Hohlfaser, die aus kurzen, innen hohlen Stücken besteht (z. B. Holofill, Qualofill). Immerhin haben es die Kunstfasern so weit gebracht, daß es im unteren Preissegment kaum mehr einen Gewichtsunterschied zwischen Daune und Kunstfaserartikeln gleicher Wärmeleistung gibt. An höherwertige Daunen mit ihrem Wunderwerk von feinen Ästchen und Härchen kommen sie jedoch weder von der Wärmeleistung noch vom Gewicht und Packmaß

heran. Sie haben jedoch ein Talent, das ihnen viele Fans sichert: Sie sind weniger feuchtigkeitsempfindlich. Wenn sie naß werden, isolieren die Retortenfasern doppelt so gut wie nasse Daunen – außerdem trocknen die Fasern wesentlich schneller.

Fazit

Bei vergleichbarer Wärmeleistung kommt ein guter Daunenschlafsack in der Regel mit geringerem Gewicht und geringeren Packmaßen aus als sein synthetischer Konkurrent. Ein Nachteil ist seine Feuchtigkeitsempfindlichkeit: Durch Nässeeinwirkung können die Daunen verklumpen und büßen ihre Wärmekraft ein.
Die Haltbarkeit beider Produkte wird ähnlich sein, mit leichten Vorteilen für die Daune. Wen es also in regenreiche Gebiete zieht oder wer öfter im Freien schläft, der trifft mit den synthetikgefüllten Säcken eine gute Wahl, wer dagegen Touren in freundlichere Teile der Welt unternimmt, kann durch einen Daunenschlafsack wertvolles Gewicht und Packvolumen sparen.

Checkliste Schlafsack

- ✔ Egal, für welches Füllmaterial Sie sich entscheiden: Jeder Schlafsack ist nur so gut wie die dazu verwendete Isomatte (siehe S. 134).
- ✔ Da der Schlafsack vor allem durch Kondenswasser der Zeltinnenwand und durch Bodenfeuchtigkeit durchnäßt wird, ist ein hochwertiges Zelt die zweite wichtige Ergänzung zum Schlafsack.
- ✔ Wer seinen Schlafsack vor Verschmutzung schützen will und eine –

vor allem bei Daunen qualitätsmindernde – Reinigung hinauszögern will, kann seinen Schlafsack durch Inletts schützen. Hierfür können extrem leichte Seidenstoffe zum Einsatz kommen. Diese Innenhüllen sparen bei Jugendherbergsbesuch auch den sonst käuflich zu erwerbenden Jugendherbergssack. Eine Alternative zum Inlett ist das Tragen von dünner Unterwäsche.

✔ Der Wärmeeffekt hängt stark von der richtigen Länge des Schlafsacks ab: Ist der Sack zu kurz, quetschen die Füße das Füllmaterial zusammen – der Wärmeeffekt ist dahin. Lassen Sie sich jedoch nicht blenden. Eine Schlafsackgesamtlänge von 225 cm ist nur bis zu einer Körpergröße von 180–185 cm nutzbar. Sind Sie größer, müssen Sie zu Sondermodellen greifen.

✔ Auch bei daunendichtem Schlafsack schieben sich immer wieder feinste Flusen (der «Flug») und einzelne Federchen (mit Kiel) durch das Gewebe bzw. die Nähte. Bei ca. zwei Millionen Federchen in der Füllung können Sie dies gelassen hinnehmen.

✔ Manche Schlafsäcke sind mit Folien oder Beschichtungen vor Durchfeuchtung geschützt; so praktisch diese bisweilen sein mögen, so beeinträchtigen sie doch das Lüftungsverhalten meist erheblich. Allerdings sind möglichst **winddichte** Stoffe bei der Übernachtung unter freiem Himmel unerläßlich. Hier hat sich in letzter Zeit die Mikrofaser einen guten Ruf erworben.

✔ Egal welchen Schlafsack Sie verwenden, während der Radtour abzusaufen braucht er Ihnen nicht – mit den für die Kanufahrt entwickelten PVC-Säcken ist ein kompletter Regenschutz möglich (sehr im Gegensatz zu den Originalhüllen, auf denen sich meist ein ignoranter Hersteller mit der Bezeichnung «wasserfest» verewigt).

✔ Schlafsäcke mit synthetischem Füllmaterial sollen nicht in der Hitze liegen – dies schädigt die Faser und kann bis zum Schmelzen und zur Selbstentzündung gehen.

✔ Wer pärchenweise auf Reisen geht, will wahrscheinlich auch im Zelt nicht auf die Körperwärme des Schätzchens verzichten: Viele Schlafsäcke werden mit Links- bzw. Rechtsreißverschluß angeboten, so daß sie zusammengekoppelt werden können.

✔ Kinderschlafsäcke: Inzwischen gibt es ein recht passables Sortiment von Kinderschlafsäcken, der Vorteil gegenüber den großen Schlafsäcken ist einzig und allein die Gewichts- und Platzersparnis.

✔ Schlafsäcke sollen eine Kapuze samt Schnürzug aufweisen, um den nächtlichen Wärmeverlust über den Kopf in Grenzen zu halten. Ein zusätzlicher Wärmekragen – ein gefütterter, mit einer Kordel versehener Wulst in Schulterhöhe – bringt zusätzlichen Wärmekomfort, den Sie vor allem beim abendlichen Plausch am Lagerfeuer schätzen lernen werden.

✔ Die Reißverschlüsse sollten zur besseren Isolation abgedeckt sein; da sie sehr strapaziert werden, können sie nicht aufwendig genug genäht sein. Zur besseren Handhabung sollte ein Zweiwegereißverschluß vorhanden sein. Sie haben so z. B. die Möglichkeit, auch einmal die Füße aus dem Wärmekäfig rauszuhängen. Ein grob gezahnter Verschluß hält länger als ein fein gezahnter oder ein Spiralverschluß.

✔ Feucht gewordene Schlafsäcke sollten immer so rasch wie möglich wieder getrocknet werden – legen Sie den Schlafsack z. B. in der Mittagspause in die Sonne. Benutzen Sie diese Gelegenheit auch, um verklumpte Federn und Daunen wieder auseinanderzuzausen.

✔ Insbesondere Daunenschlafsäcke müssen immer wieder gut gelüftet werden, deshalb gehören sie auch zu Hause nicht in den Beutel, sondern werden im Schrank aufgehängt.

✔ Bei aller Pflege: wenn die Säcke anfangen zu stinken oder die Daunen zu stark klumpen, sind sie reif für die Badewanne. Eine solche Waschung muß stets zu Hause vorgenommen werden. Die Daunen verlangen ein Spezialpflegemittel (aufgelöste Kernseife geht auch), und die Trocknung ist ein echtes Abenteuer (Herstellerangaben beachten).

Kunstfasersäcke können auch mit einem Feinwaschmittel bei 40 Grad in die Waschmaschine gegeben werden

So etwas hat kein Reiseveranstalter im Angebot

▪ Das Zelt

In dem unübersehbaren Angebot findet sich nur zurecht, wer klare Vorstellungen vom Einsatzzweck der Stoffhütte hat. Schreiben Sie Ihre Wünsche vor dem Gang zum Händler auf ein kleines Zettelchen:
• Wie viele Personen?
• Einsatzbereich (Campingplatz, Extremtouren, Sonnenländer, Regenländer).
• Häufigkeit der Nutzung.
Wenn Sie das Zelt nicht nur im Garten aufschlagen wollen, bewegen Sie sich auf jeden Fall in den Fachhandel: Kaufhauszelt und Sturmwind, das verträgt sich nicht. Rrrratsch macht es dann im Wind, und die Zeltplane fällt Ihnen auf den Kopf.

Basisinformationen zum Zelt

– *Zeltstoff:* Nylon oder Polyester. Polyester hat den Vorteil, daß es sich bei Nässe weniger dehnt, das Zelt also bei Regen nicht durchhängt. Ist es hochwertig, ist es meist reißfester als Nylon. Andererseits ist die Qualität der Zeltbahnen sehr stark von der Verarbeitung, der Beschichtung, der Fadenzahl und Webart abhängig, so daß ein gutes Nylongewebe ein mittelmäßig gearbeitetes Polyester locker aussticht.

– *Beschichtung*: Kein Zeltstoff kommt ohne Beschichtung aus. Bei den ganz billigen Zelten finden sich die unseligen PVC- oder Acrylgummierungen, die meistens rasch abblättern. In der Unter- und Mittelklasse sind Polyurethan-(PU)-Beschichtungen üblich, die recht zuverlässig sind, das Gewebe jedoch meist schwächen. Hochwertige Zelte weisen Silikonbeschichtungen auf, die die Reißfestigkeit des Grundmaterials erhöhen.

– *Zelttypen:* Firstzelte haben uns zwar auch durch unsere Jugend gebracht, sie sind wegen der schrägen Wände allerdings nicht sehr wohnlich und müssen gut abgespannt werden. Andererseits kommen sie mit wenigen Nähten und einem einfachen Gestänge aus. Kuppelzelte («Igluzelte») sind mit einem dünnen, ineinandersteckbaren Gestänge in sich so verspannt, daß sie auch ohne Heringe standfest sind, und sie bieten auch im Wind meist gute Stabilität. Ein günstiges Verhältnis von Grundfläche zu Lebensraum wird mitgeliefert. Tunnelzelte werden ebenfalls von flexiblen, ineinandersteckbaren Stangen gehalten und bieten ideale Voraussetzungen, wenn es einmal längere Zeit regnet. Stauraum für Gepäck ist in der Regel massig vorhanden. Das Zelt kommt mit wenigen Gestängebögen aus (reduziert das Gewicht), muß dafür aber gut abgespannt werden: Es ist im Gegensatz zum Kuppelzelt nämlich nicht freistehend.

– *Belüftung:* In jedem Fall sollten engmaschige Moskitonetze vorhanden sein. Im Sommer läßt sich hierdurch die beste Belüftung erzielen. Durch ein nicht direkt dem Boden aufgesetztes Außenzelt kommt die Luft leicht zwischen Innen- und Außenzelt und sorgt für ein angenehmes Innenklima. Eine weitere Belüftungsmöglichkeit sind Belüftungsklappen an zwei entgegengesetzten, hochgelegenen Punkten des Zeltes. Zwei Eingänge am Zelt bringen nicht nur im Sommer einen angenehmen Luftzug, sie sorgen auch nachts für eine bessere Belüftung und verhindern Kondenswasserbildung.

– *Gestänge:* Bei billigen Produkten kommen Glasfiberstäbe zum Einsatz, gute Alustangen mit Gummikordel sind in jedem Fall vorzuziehen. Falls sie doch einmal knicken, hält der Fachhandel Hülsen bereit, die über die Knickstelle geschoben werden.

– *Stauraum:* Im Gegensatz zum Rucksackreisenden, der seinen Sack sozusagen steril auf dem Rücken trägt, bekommt das Gepäck des Reiseradlers allerhand Staub der Straße ab. Wählen Sie als Radreisender deshalb Zeltmodelle mit geräumigen Apsiden. Unter diesen «Vorzelten» läßt sich das Gepäck verstauen und z. B. bei Regenwetter das Mahl bereiten.

➜ Eine Schwach-
stelle eines jeden
Zeltes ist sein
Boden; leider
wird dieser meist
nicht wasserdichter gefertigt als
das Außenzelt – Feuchtigkeit
schlägt dann z. B. an dem
aufgestützten Ellenbogen leicht
durch.

➜ Viele Hersteller empfehlen den
Gebrauch von Nahtdichtern –
deren Schutzwirkung ist jedoch
meist unbefriedigend. Besser
sind gleich von vornherein mit
Spezialfäden vernähte Doppel-
kappnähte, die vier Stofflagen
zusammenhalten sowie eine
hochwertige Beschichtung der
Zeltdecken (siehe oben).

➜ Achten Sie auf die Qualität der
Reißverschlüsse, sie sind es
nämlich, die Ihrem Zelt nach
ein paar Jahren meist das
Lebenslicht ausblasen: Grob
gezahnte Reißverschlüsse sind
besser als die feingezahnten
oder aus Endlosspiralen
aufgebauten.

➜ Natürlich ist für uns Radler das
Gewicht von ganz entscheiden-
der Bedeutung – leider können
Sie hier den Herstellerangaben
kaum trauen. Vielleicht hält Ihr
Händler eine Handwaage
bereit zum Nachwiegen.
Beachten Sie auch, daß Sie die
für den Innenraum angegebene
Grundfläche bei fehlenden
Apsiden (siehe oben) noch mit
Ihrem Gepäck teilen müssen.

➜ Besorgen Sie sich stabile,
leichte (Alu-)Heringe; die
mitgelieferten Drähte sind nur
für englischen Rasen gut.

➜ Die mitgelieferten Zeltbeutel
sind in der Regel untauglich –
Outdoor-Ausrüster stellen
Spezialsäcke zur Verfügung, mit
denen sich das Zelt nicht nur
auf ein kleineres Packmaß
komprimieren läßt, sondern die
zudem wasserdicht sind.
Stangen und Zeltstoff werden
hierfür separat eingepackt.

➜ Wer viel «wild» zeltet, wird ein
grünes oder braunes Zelt
bevorzugen. Man will ja nicht
gleich zur Sehenswürdigkeit für
Forstpfleger usw. aufsteigen …

Zeltpflege

Es gibt ein paar Spielregeln für
den Umgang mit Ihrem Zelt:

– Scharfkantige Steine und spitze
Äste auf dem Aufstellplatz
rücken dem besten Zeltboden
zu Leibe – suchen Sie den aus-
gewählten Platz dahingehend
ab.

– Sobald sich der Schieber der
Reißverschlüsse mit Staub und
Sand über die Zähne quälen
muß, ist sein Ende abzusehen:
Reinigen Sie deshalb die Reißverschlüsse regelmäßig und
machen Sie sie mit Wachs
leichtgängig.

– Feuchte Zelte dürfen nur kurz-
fristig eingepackt werden, in
jedem Fall müssen sie noch am

selben Tag, z. B. bei einer Rast in der Mittagssonne, getrocknet werden.
– Um das Zelt über den Winter zu bringen, soll es mit klarem Wasser gut gereinigt und vor allem trocken und locker gelagert werden.

◼ Kochen vor dem Zelt

Die einen tun's, weil's billiger ist, die anderen, weil's auf Reisen nur im Freien richtig schmeckt: den Kocher mitnehmen. In jedem Fall bescheren die kleinen Energielieferanten Unabhängigkeit und verbreiten mit ihrem leisen Zischen oder Bullern eine angenehme Mischung von Abenteuer (hält der Betriebsstoff durch oder nicht...?) und Romantik.

Schon so mancher Ostblock-Fahrer hat den Unwägbarkeiten der einheimischen Gastronomie nur durch seine transportable Flamme getrotzt. Die Unabhängigkeit hat jedoch ihren Preis. Denn wenn man Kocher, Brennmaterial und die benötigten Kochvorräte für das abendliche Essen samt z. B. Wein und Wasser transportieren muß, kommt schon ein ganz schönes Gewicht zusammen, das man vielleicht gerade dann vermeiden will, wenn auch noch Kinder auf dem Fahrrad sitzen. Andererseits macht das Kochen vor dem Zelt mit den Kleinen so richtig Spaß – und gehen Sie mal mit Kindern im «richtigen» Alter täglich ins Re-

Kochen vor dem Zelt

staurant essen – Sie werden es für ewig bereuen, von der Plünderung des Portemonnaies einmal ganz abgesehen.

Brennstoff und Kocher gehören zusammen

Die kleinen Brenner sind technisch oft kleine Meisterleistungen, trotzdem schauen wir zunächst auf den Stoff, den Sie verfeuern. Denn ob sich Ihr Kocher bewährt, hängt vor allem von der Wahl des Brennstoffs ab.

Verfeuert wird eigentlich alles, was Brennwert hat: Gas, Spiritus, Benzin, Petroleum, Diesel/Heizöl, Feststoffe wie Esbit, aber auch Holz, Rinde und anderes. Folgende Eigenschaften des Brenners erfreuen den Benutzer:

– leichte Beschaffung des Brenn-
  stoffes unterwegs (üblicherwei-
  se gehen Brennstoffe samstags
  nach Ladenschluß aus)
– möglichst leichtes Gewicht und
  problemloser Transport
– Unempfindlichkeit der Flamme
  gegen Wind und Bodenuneben-
  heiten
– möglichst geruchloser und ge-
  räuscharmer Betrieb, leichte
  Reinigung.

 → Die Gewichtsan-
  gaben der
  Hersteller
  können Sie
  vergessen: Zum
einen sind diese zum Teil mit
oder ohne Brennstoff gerech-
net, zum anderen gehören bei
manchen Kochern die Töpfe
zur Serienausstattung, bei
anderen nicht.
→ Alle Kocher bedürfen großer
  Umsicht, um Unfälle zu
  vermeiden (z. B. durch auslau-
  fenden Brennstoff).

Gaskocher

Gas ist der wohl am weitesten
verbreitete Kocherbrennstoff.
Der Betrieb ist im allgemeinen
problemlos, der Verbrauch gut
regelbar, die Wärmeleistung zu-
friedenstellend. Nachteilig schlägt
zu Buche, daß die Kartuschen
recht aufwendig zu transportieren
sind, von der Beschaffung unterwegs ganz zu schweigen. Der Be-

nutzer muß also an ein Versor-
gungsnetz angekoppelt sein, das
er unterwegs nur auf zentraleuro-
päischen Campingplätzen finden
wird. Ein weiterer Nachteil ist,
daß der Füllstand des Gases nicht
zu erkennen ist. Außerdem sind
die Einmalbehälter eine ökologi-
sche Sauerei.

Wenn Sie also längere Touren
vorhaben und Wert auf Unabhängigkeit legen, vergessen Sie die
Dinger.

Kocher mit flüssigen Brenn-
materialien

Flüssigbrennstoffe lassen sich
praktisch überall auftreiben, um-
füllen und recht leicht transportieren. Andererseits erzeugen zumindest die auf Benzin- bzw.
Petroleumbasis laufenden Modelle Geruch und Schmutz. Die Be-
dienung ist im Vergleich zu den
Gaskochern aufwendiger, und die
meisten Modelle müssen vorge-
heizt werden. Auch läßt die Vielzahl an Düsen, Ventilen, Über-
druckreglern und Schlauchen
kaum Freude aufkommen. Zudem
läßt sich die optimale Funktion
über längere Zeit nur durch die
Verwendung des vom Hersteller
vorgesehenen Spezialbrennstoffs
und mit liebevoller Pflege erreichen.

Eine hübsche Alternative stellen spiritusbetriebene Kocher z. B.
des schwedischen Hersteller Tran-
gia dar: Der Brennstoff ist praktisch überall zu bekommen (not-

falls in der Apotheke), er verbrennt geruchlos (schwärzt allerdings auch die Töpfe), und Wind heizt die Flamme eher an, als daß er sie ausbläst. Zuverlässigkeit, geringes Gewicht und einfache Handhabung bringt der Kocher sowieso mit.

Schmiedefeuer vor dem Zelt

Ein recht ungewöhnlicher Kocher ist der Markill-Wildniskocher. Der nach dem Schmiedefeuerprinzip arbeitende Kocher verwertet Brennstoffe wie Rinde, Holz, Kohle, Holzkohle oder Torf. Das Schmiedefeuer wird von einem Ventilator unterhalten, der seinen Strom aus einem Solarpanel bezieht. Da oft erst in der Dunkelheit Feuer gemacht wird, kommt man jedoch um einen zusätzlichen Akku (der dann von dem Solarpanel geladen werden kann) nicht herum. Der Vorteil des Systems ist die Unabhängigkeit von der Brennstoffversorgung. Zudem läßt sich besonders in Ländern mit schlechter Infrastruktur einiges an Gewicht sparen. Auch erinnert dieser Kocher noch am ehesten an die Lagerfeuerromantik, die ja wegen der Waldbrandgefahr in den meisten Ländern nicht zu haben ist.

Isomatten

Mutter Erde kann ganz schön ungemütlich sein – sie rückt dem schlafenden Reisenden mit Feuchtigkeit und Kälte zu Leibe. Mögen Zelt und Schlafsack noch so ausgeklügelt und wetterfest sein – ohne eine gute Isomatte werden Sie keinen erholsamen Schlaf finden. Die Isolierleistung des Schlafsacks nämlich läßt gerade an der empfindlichen Unterseite zu wünschen übrig, wird doch das Füllmaterial vom Körpergewicht zusammengedrückt.

Es ist nicht einfach, Isolationsfähigkeit, ausreichende Breite sowie Durchstoßfestigkeit mit einem einigermaßen vernünftigen Gewicht in Einklang zu bringen. Bei den meisten Isomatten vollführt der Zeiger der Waage auch tatsächlich warnende Zuckungen. So suggeriert z. B. bei den Luftmatratzen das Wort «Luft» eine leider nicht vorhandene Leichtigkeit – in Wirklichkeit sind die Matten schwere Trümmer, die tunlichst zu Hause bleiben. Außerdem kühlen die großen Luftkammern schnell aus, so daß wieder der Wolf von unten beißt.

Leichter sind Isomatten auf Schaumstoffbasis. Hier ist die Luft in kleinsten Kammern gefangen und entfaltet ihre angenehme Isolationskraft.

Es gibt allerdings erhebliche Qualitätsunterschiede! Je druckfester die Matten, desto wärmer und komfortabler sind sie. Weiche Matten werden bald labberig, und Sie ruhen wieder ohne schützende Zwischenschicht auf der Erde.

Feste, stark verdichtete Schaumstoffe sind recht resistent gegen Beschädigungen. Unebenheiten allerdings werden mangels Volumen weniger elegant ausgeglichen als dies die Luftmatratze tut.

Eine Hybride zwischen Schaumstoff- und Luftmatratze stellen die sogenannten Self-Inflating-Mats dar (Originalhersteller: Term-A-Rest). Hier werden extrem quellfähige Schaumstoffe in mehreren Lagen mit einem robusten Nylongewebe verklebt. Durch Öffnen der Ventile quillt der Schaum wie ein Schwamm auf. Zusätzlich kann Luft eingeblasen werden. Nachts ruht es sich also regulierbar komfortabel, tagsüber läßt sich durch Öffnen der Ventile und Zusammenrollen wertvoller Stauraum

sparen. Die Term-A-Rest-Matten sind jedoch noch immer ein gutes Stück schwerer als die «Nur»-Schaumstoffmatten.

Tips & Tricks

◆ Stabilere Isomatten lassen sich durch zwei Achterschlaufen aus leichtem Nylonband aneinanderkoppeln.
◆ Die bisweilen propagierten alubedampften Kunststoffolien sind nicht mehr als ein Feuchtigkeitsschutz. Ihre Isolierleistung ist bescheiden. Schade eigentlich, denn vom Gewicht her (130 g) wären sie ideal.

Gepäcktransport

Früher schlang man sein Gepäck einfach um den Lenker und ab ging die Fahrt, die dann oft ein schwankendes Unternehmen wurde. Auch heute noch kann man allerlei ungeeignete Methoden des Gepäcktransport auf dem Fahrrad bestaunen. Vor allem bei Jugendlichen ist der auf dem Rücken getragene Wanderrucksack beliebt, der leider eher die masochistische Seite in uns anspricht: Der Rucksack belastet Nacken und Schultern und schaukelt erbarmungslos hin und her. Von einem vernünftigen Fahrradfahren kann nicht die Rede

sein. Außerdem sieht man den leidgequälten Rucksackfahrern meist schon an, wie es unter dem Rucksack dampft und quatscht. Dann schon lieber einen Turm bauen mit allen möglichen Gepäckstücken über dem Hinterrad – eine weitere beliebte Unsitte, von der wir noch berichten werden.

Pfiffige Zeitgenossen benutzen speziell für das Fahrrad gefertigte Packtaschen. Daß auch hier noch allerhand falsch gemacht werden kann, zeigt der folgende Abschnitt.

Oje! Da wird kein Spaß bei rauskommen…

Die wichtigste Entscheidung: Wieviel Gepäck?

Szene 1: Auftritt Herbert R.-P., Dorothea P.
Bühnenbild: Typische WG, herumliegendes Gepäck, eine Briefwaage, im Vordergrund eine Metallsäge
D. P.: Herbert
H. R.-P.: Jaah?
D. P.: Du schneidest dich bestimmt beim Rasieren, wenn du am Rasierer noch den Griff absägst.
H. R.-P.: Ach was (legt den Rasierer auf die Waage). 40 g lassen sich da locker gewinnen, VIERZIG GRAMM!
Szene 2: Auftritt Herbert R.-P., Dorothea P., eine italienische Postangestellte

Bühnenbild: Italienisches Postamt, zufällig geöffnet.
Beamtin: 6 kg – you want to send it by surface mail?
H. R.-P. (erfreut): Doro – die 6 kg sind wir schon mal los, was denkst du, wie leicht sich's jetzt treten läßt.
D. P.: Jetzt kommt der abgesägte Kleinkram voll zum Tragen …

Da der Mensch bekanntlich bequem ist, will er auf Reisen in möglichst derselben Ausrüstung auftreten, die ihn sonst durchs Leben bringt. Vielleicht hat hier die Wohnmobilkultur ihre Wurzeln, es kreuzen ja inzwischen wahre Flugzeugträger durch die Lande.

Fahrradreisen ist anders! Lassen Sie alles zu Hause, bis vielleicht auf … Bei den Pünktchen beginnt das Auslesen. Meistens nämlich wird die Liste der Ausnahmen lang. Beim Packen denken wir meistens an Eventualitäten, Sudelwetter, Notsituationen. Da wird munter in die Taschen gestopft, was an Pullis für die kalten Abende, an Regenschutz und Fotoausrüstung zu greifen ist, und ein hübsches Kleid fürs «Après-Rad» soll auch noch mit. Das Resultat: Die meisten Fahrradreisenden strampeln sich mit nutzlosem (oder nur in Ausnahmesituationen zu nutzendem) Ballast ab. Denn ob der Morgenrock oder das fünfte Paar Ersatzunterhosen nun dabei sind oder nicht, wird den Spaß am Urlaub kaum mindern, der beständige Kampf mit der Schwerkraft jedoch sehr wohl. Glauben Sie uns also in diesem einen Falle: Drehen Sie alles mindestens dreimal um, bevor Sie es in die Fahrradtasche stecken. Spätestens beim dritten Anlauf werden Sie (hoffentlich) ein Argument finden, um das Teil zu Hause zu lassen. Wer mit Kindern auf Reisen geht, muß alles fünfmal umdrehen.

Ein weiteres Argument zu Ihrer Motivation: Bei der Ausrüstung können Sie weit preiswerter Gewicht einsparen als beim Fahrrad (wo Sie ein Kilogramm gut und gerne 500 Mark kosten kann).

Bepackt wie ein Esel, Gefühl wie ein Schiff

→ Eine elegante Lösung Ihrer Gewichtsprobleme ist der «Scheckkarte- und Zahnbürste-Urlaub». Wenn Ihnen das Bett und das Essen in Pensionen oder Hotels bereitet wird, kommen Sie flott und unbeschwert voran.

→ Sie sind gewichtsmäßig gut beraten, wenn Sie sich kleidungsmäßig immer nur für 5–6 Tage ausrüsten. Dazwischen wird ein Waschgang eingelegt, in jeder Kleinstadt oder auf dem Campingplatz stehen Münzwaschautomaten, und das Von-Hand-Waschen erfordert auch kein außergewöhnliches Talent. Keiner erwartet von Ihnen im Urlaub die scharfe

Bügelfalte, mit der Sie sonst überraschen.

→ High-Tech-Fasern können Ihnen einige Plackerei ersparen. So ist z. B. Polyestervlies (»Fleece«) ähnlich leistungsfähig wie ein dicker Wollpullover, jedoch bei weitem leichter und platzsparender.

→ Vorsichtig beim Schuhwerk! Schwere Treter werden oft gar nicht benötigt.

→ Für Gewichtsersparnis ist es nie zu spät. «Gewichtssünder» tragen ihr Übergewicht ins nächste Postamt und sind von Stund an ihre Sorgen los.

→ Trotz Gewichtssparerei und so: Ein paar Sachen werden leicht vergessen: Sonnencreme, Lippenpomade, Klopapier, Kopfbedeckung, Taschenmesser, Fahrradschloß und Luftpumpe.

Die zweitwichtigste Entscheidung: Wohin mit dem Gepäck?

Planen Sie einen längeren Urlaub, zumal mit Kindern, wird immer so viel Gepäck anfallen, daß Sie die Last verteilen müssen: Ein Teil (50–70 Prozent) kommt in die Hinterradgepäcktaschen, der andere Teil in die möglichst tief gehängten Vorderradtaschen. Hierfür bietet sich insbesondere der «Low-Rider» (siehe S. 44) an. Ist das Gesamtgewicht hinten nämlich zu hoch, wackelt Ihr Rad mit dem Schwanz, und das ausgegli-

chene Lenkverhalten ist dahin. Die Verteilung des Gepäcks entlastet außerdem die sowieso arg gequälten Hinterradspeichen. Kommt viel Gepäck zusammen, etwa wenn die Kinder noch nicht selbst fahren können, kann ein leichter (!) Anhänger für moderate Touren die richtige Lösung sein. Das Fahrverhalten des Fahrrades ist dadurch weit weniger beeinträchtigt, als wenn es an allen Ecken und Enden mit Gepäcktaschen behängt wird.

→ Beladen Sie die linke und rechte Tasche jeweils gleich schwer, sonst gibt es Lenkprobleme.

→ Das Gesamtgewicht sollte so tief wie möglich angebracht sein, auch dies stabilisiert das Lenkverhalten und läßt Sie ohne Probleme um die Kurven sausen.

→ Falls Sie ordentliche Steigungen fahren und zudem noch ein Kind auf dem hinteren Gepäckträger transportieren, ist die Gepäckbeförderung im Low-Rider die einzige Möglichkeit, um einem «Abheben» des Vorderrades zu begegnen.

→ Schieben Sie die hinteren Seitentaschen möglichst weit nach vorne, allerdings nur so weit, daß Sie noch Fersenfreiheit haben!

→ Wenn Sie schon Türme bauen müssen, dann folgen Sie demselben Prinzip wie beim Packen eines Rucksacks:

Schweres Gepäck gehört möglichst tief in die Taschen, oben auf dem Träger finden die leichten, sperrigen Gegenstände Platz (z. B. Schlafmatte).

→ Ein Wort zu den Lenkertaschen: So pfiffig diese inzwischen konstruiert sein mögen, sind sie noch immer nichts weiter als ein Ausweichdepot: Hier finden Dinge Platz, die man schnell griffbereit haben will. Für den eigentlichen Gepäcktransport eignen sie sich wegen des hohen Schwerpunktes nicht.

Zu guter Letzt: Welche Fahrradtaschen?

Auf unseren Fahrradreisen hatten wir Zeit, um in Gedanken die ideale Fahrradtasche zu entwerfen. Einig waren wir uns bei folgenden Kriterien:
– Die Taschen sollten möglichst groß sein (auch wenn Sie nicht den ganzen Stauraum ausnutzen, sind große Taschen viel

leichter aus- und einzupacken – spätestens beim nächsten Einkauf sind sie dann doch wieder voll).
– Sie sollen abwurfsicher und praktisch zu befestigen und
– möglichst leicht sein (der Inhalt hat für sich schon genug Gewicht). Gleichzeitig sollen sie stabil, haltbar und
– möglichst wasserdicht sein.

Vom Design her kommen nur Einzeltaschen in Frage, die früher häufig angebotenen Rücken-/Dreifachtaschen mit ihren vielen Riemchen, Schnallen und Gummizügen sind kaum vernünftig zu bepacken und nichts weiter als ein Test der Hersteller, ob Ihre Feinmotorik auch funktioniert. Ist nur wenig Gepäck drin, so schlappert der Rest im Wind, ist viel zu packen, so platzen die Brücken meist schnell aus den Nähten. Unsere Idealtasche ist einzeln einzuhaken, jedoch mit einem Steckverschluß zum leichteren Transport zusammenzuhalten.

Gehen wir die Punkte einmal der Reihe nach durch.

✔ 1. Die Größe. Diese wird in Litern Stauraum angegeben und variiert z. B. bei den Hinterradtaschen (für die Einzeltasche) zwischen 12 und 25 Litern. Halten Sie sich hier an die größeren Werte.
✔ 2. Geringes Gewicht bei gleichzeitiger Robustheit: Vergessen Sie Taschen aus dünnen Stöffchen. Vernünftige Taschen sind aus reiß- und scheuerfestem Gewebe (z. B. gutem Nylon) gefertigt, die der Tasche zusammen mit einer hochwertigen Rückseitenversteifung aus Plastikwerkstoffen die nötige Form und Festigkeit geben. Das

Gewicht der Packtaschen variiert erheblich. Auch bei sehr guter Qualität muß es nicht höher als 500–800 g pro Hinterradtasche betragen.

✔ 3. Sichere und praktische Befestigung: Jede Bewegung der Taschen stört Ihr Gleichgewicht beim Fahren! Vergessen Sie wie gesagt alles, was Riemchen und Schnallen hat, die Hersteller, die dem Fahrradfahrer nach wie vor diese Fummelei zumuten, haben einfach den Schuß noch nicht gehört. Gepäcktaschen werden heute mit Haken am Gepäckträger befestigt, diese lassen sich idealerweise auf einer Leiste so hin- und hermontieren, daß sie zu den Maßen des jeweiligen Gepäckträgers passen. Für gute Haken wird zähes Plastik oder von Plastik umgossener Stahl verwendet. Kleine, schmale Blechhaken halten meist nicht lange.

Tips & Tricks

◆ Montieren Sie auf die Leiste möglichst gleich vier Haken, so verteilt sich das Gewicht besser.
◆ Praktisch alle Taschen müssen zusätzlich nach unten abgespannt werden, damit sie bei Schlaglöchern nicht aus der Halterung springen.

✔ 4. Wasserfestigkeit: Nur eine Tasche ist uns bekannt, die konstruktionsbedingt komplett wasserdicht ist: Die wahlweise PVC- oder elastomerbeschichtete Ortlieb-Tasche. Alle anderen Taschen kämpfen mit Imprägnierungen, verdeckten Nähten usw., so daß der Benutzer auf mehr oder weniger intelligente Tricks zum Schutz vor Feuchtigkeit angewiesen ist. Verstauen Sie Ihr Gepäck z. B. in einem etwas robusteren Plastiksack (z. B. Müllsack). Solche Innensäcke werden auch im Outdoor-Handel angeboten. Alle feuchtigkeitsempfindlichen Gegenstände sollten dennoch zusätzlich in Plastiktüten eingewickelt werden.
Im Handel werden auch Regenüberzüge aus beschichtetem, leichtem Nylongewebe mit Gummizug angeboten.
Zum Verschluß der Packtaschen hat sich der Kordelzug mit Schnellstopper durchgesetzt. Reißverschlüsse sind lediglich an aufgesetzten Seitentaschen tauglich (und müssen dann über eine Regenleiste verfügen), als Hauptverschluß sind sie großräumig zu umgehen! Haben Sie schon einmal versucht, eine zu volle Tasche mit einem Reißverschluß zuzuwürgen?

Tips & *Tricks*

◆ Beim Kauf von Packtaschen unbedingt das Fahrrad mitnehmen. Nur so läßt sich feststellen, ob die Taschen überhaupt zum Gepäckträger passen und sich sicher einhaken lassen. Auch läßt sich prüfen, ob die nötige Beinfreiheit mit Fahrradtaschen noch vorhanden ist.

◆ Eine Gepäcktasche läßt sich nur dann vernünftig transportieren, wenn sie an einem stabilen Gepäckträger eingehängt ist. Billige Gepäckträger werden bei Beladung störrisch und brechen zusammen.

Lenkertaschen

Früher gab es Lenkertaschen, die mit Gummizügen an der Vorderradachse verspannt waren oder die in alle möglichen kleiderbügelähnlichen Halterungen eingehängt wurden. Heute werden Lenkertaschen in aller Regel mit dem Klick-Fix-System montiert – was auch Diebe zu schätzen wissen: Nehmen Sie die Taschen bei einem Zwischenstopp also stets mit. Die meisten Taschen müssen leider auch heute noch mit einem Reißverschluß geschlossen werden, der bei häufigem Gebrauch schnell aufgibt. Finden Sie eine andere Lösung wie z. B. Fastex-Verschlüsse, so ist das schon ein gutes Argument für den Kauf. Wichtig ist vor allem, die Taschen nicht zu überlasten. Schon hundert Gramm, die hier zuviel reingestopft werden, behindern wegen des hohen Schwerpunktes das Lenkverhalten und damit die Sicherheit des Fahrrads empfindlich. Vorsicht bei lose eingehängten Fahrradkörben! Zu dem ungünstigen Schwerpunkt kommt hier die ungenügende Befestigung, die die Last und damit Sie hin und her schwanken läßt.

Tips & *Tricks*

Eine Lenkerradtasche, mit etwas weichem Tuch ausgestopft, gibt ein gutes Kissen für Ihr Kind ab, wenn es einmal auf dem Vorderradsitz eingeschlafen ist.

Pannenvorsorge für die Radtour

Herr Meier schaut vor der geplanten Radreise mißtrauisch auf sein doch nicht mehr ganz rostfreies Gefährt und packt sich ein ganzes Arsenal von Werkzeugen in die Reisetasche. Sehr klug, oder? Wir meinen: Herr Meier sollte sein Fahrrad lieber aus der Garage fahren, es von Grund auf durchmustern und wo nötig überholen. Ein gut gewartetes Fahrrad nämlich ist die beste Pannenvorsorge. Checken Sie vor dem Start alle Teile durch, ein aufgefrischtes Fahrrad tut seine Dienste klaglos über viele tausend Kilometer, ohne daß Sie mit einer rollenden Werkstatt auf Tour gehen müssen.

Auch hätte Herr Meier von einer Bestandsaufnahme seines Untersatzes in einer weiteren Hinsicht profitiert: Wer die nötigen Handgriffe zur Reparatur schon vor der Radreise beherrscht, kommt unterwegs mit Funktionsmängeln besser klar.

Herrn Meiers Checkliste

✔ *Reifen:* Ausreichendes Profil? Spröde Flanken (kleine Risse)? Einschnitte im Gummi? Montieren Sie bei den leisesten Zeichen einer Alterung neue Reifen mit neuen Schläuchen, Ihr Fahrrad geht dann seltener in die Knie. Auch bieten neue Reifen bei Regen mehr Sicherheit.

✔ *Bremsen:* Sind sie ausreichend «scharf»? Bei Felgenbremsen darf der Abstand vom Bremsgummi zur Felge nicht mehr als 2 mm betragen, die Seile müssen leichtgängig sein, keine Knicke haben, keine abgerissenen Drahtfäden aufweisen – insbesondere nicht am Bremsgriffnippel! Bei Rücktrittbremsen: Greift die Bremse nach kurzem Pedalweg gleichmäßig, sind die Bremshebel sicher in der Schelle am Rahmenrohr befestigt?

✔ *Felgen und Speichen:* Läuft das Rad rund (ohne «Acht»), sind die Speichen gleichmäßig stramm eingestellt? Kaputte Speichen müssen unbedingt ausgewechselt werden, Achten gehören ausgebügelt (s. S. 163).

✔ *Kette und Ritzel:* Knackt es hier, sollte Sie die erste Etappe Ihrer Reise zum Fahrradhändler führen; dasselbe gilt für ausgeschlagene Tret- oder Nabenlager.

✔ *Schrauben und Muttern*: Ziehen Sie alle Schrauben und Muttern, insbesondere die Achsmuttern und die Schrauben zur Gepäckträgerbefestigung, noch einmal nach.

✔ Und zum Schluß: *Spotlights* on – wenn es dunkel bleibt, dürfen Sie die Übung von Seite 165 machen. Sind die gelben Speichenreflektoren fest montiert? Ist die Befestigung (Halter des Scheinwerfers und des Dynamos) gut festgezogen?

Werkzeuge für die Radtour

Erst nach dem Check (und einer abschließenden Salbung und Ölung des Gefährts, die weniger der Sicherheit als der Schnelligkeit dient) geht es in den Werkzeugkeller. Was Sie dort in die Werkzeugtasche packen, hängt vor allem von Art und Länge der Tour ab. Geht es durch heimische Gefilde, so genügt die

Standardausrüstung:

- Inbusschlüssel für die am Rad verwendeten Schraubengrößen (größeren Inbus für den Vorbau nicht vergessen),
- 1 kleiner verstellbarer Schraubenschlüssel (bis 17 mm = schmal genug fürs Pedal: «Rollgabelschlüssel».
- 1 Maulschlüssel 8-10 mm und 1 Maulschlüssel 9-11 mm,
- 1 Speichenschlüssel (Nippelspanner),
- 1 leichter Zahnkranzabnehmer für unterwegs.
- 3 Reifenheber (aus Plastik),
- 1 Putzlappen,
- 1 kleine Kombizange (mit sauberem Schnitt für die Züge)
- 1 kurzer, mittelbreiter Schraubendreher (z. B. zum Einstellen der Schaltung)
- Nicht vergessen: Die Luftpumpe (passend zum Ventil!), das Schloß und mehrere gute Spannriemen zur Gepäckbefestigung.

An *Ersatzteilen* würden wir mitnehmen:
1 Schachtel Flickzeug mit recht viel Flicken und Gummilösung
1 Ersatzventil mit Überwurfmutter
1 langes Bremsseil
1 langes Schaltungsseil
2 Ersatzspeichen und dazu passende Nippel (eine Speiche für hinten links, eine für hinten rechts; auf korrekte Länge achten! Vordere Speichen brechen praktisch nie). Alternative: sog. «Erste-Hilfe-Speiche»; diese kann ohne größere Bastelarbeiten in den Nabenflansch eingehängt und angezogen werden; das lästige

Abziehen des Ritzels bei Spei-
chenbruch auf der rechten Seite
kann damit umgangen werden.
1 Glühlämpchen für vorne und
1 Glühlämpchen für hinten
einige Schrauben, Unterlegschei-
ben und Muttern, evtl. 1 Ersatzventil
1 Ersatzschlauch (Ventil muß zum
Felgenloch passen!) hat sich auch
bei der kleinen Tour bewährt. Sie
haben dann die Möglichkeit, im
Notfall diesen zu verwenden und
abends in Ruhe zu flicken.

→ Den «Knochen»
aus Ihrer Jugend-
zeit können Sie
zu Hause lassen,
mit ihm sind viele
Muttern nicht zugänglich.
→ Montieren Sie ein evtl. vorhan-
denes Speichenschloß vor der
Reise ab – es könnte von der
Seitentasche eingedrückt
werden und Sie vorzeitig zu
Fall bringen.

Extremausrüstung

Planen Sie eine Extrem-
tour außerhalb des Ver-
sorgungsnetzes der moder-
nen Fahrradindustrie, so
brauchen Sie zusätzlich:
• 1 Konusschlüssel (passend
für Ihre Lager),
• 1 Zahnkranzabnehmer,
• 1 Tretkurbelabzieher,
• 1 Nietendrücker für die
Kette,

• 1 Durchschlag zum Öff-
nen des Konterrings am
Tretlager (für «konventio-
nelle» Tretlager – Indu-
strielager können nur
komplett ausgetauscht
werden).

An *Ersatzteilen* brauchen Sie:
– 1 Ersatzschlauch, evtl. mit Er-
satzreifen
– 2 Bremsschuhe
– 2 Bremsseile
– 1 Schaltungsseil
– mehrere Ersatzspeichen (auf
passende Länge achten; linke
bzw. rechte Laufradseite haben
u. U. unterschiedliche Längen!)
und passende Nippel
– Ersatzkettenglieder
– evtl. eine Ersatzachse für die
Hinterradnabe, evtl. Tretachs-
lagerkugeln
– 1 langes Lichtkabel
– 1 kleines, gut schließbares Öl-
fläschchen, evtl. etwas Lagerfett
– und natürlich: 1 Rolle Gewebe-
klebeband. Ich glaube, man
kann alle Lebenslagen mit diesen Tesabändern meistern, es
müssen Hunderte von Metern
sein, die wir bereits an unseren
Rädern, Packtaschen, Schlaf-
sackhüllen usw. verklebt haben.
Und selbst wenn Sie eine Blase
haben (haben Sie gewiß!), kann
ich nur raten: Kleben Sie Tesa-
band drauf.

Mit dem Finger unterwegs: Fahrradkarten

Es ist beim Fahrradfahren wie im Leben: Auch auf Um- oder Abwegen kann man sich prima amüsieren. Es gehört zu den schönsten Fahrraderlebnissen, einmal ins Blaue loszufahren, hinter die Hügel zu schauen, hier abzubiegen und dorthin auszubüchsen, und wenn das Gesicht der Landschaft fremder wird, kann man noch immer die Leute fragen: Wo bin ich denn hier gelandet?

Es hat aber auch seinen Reiz, vor der Tour zunächst seinen Zeigefinger auf die Reise zu schicken, über schraffierte Höhenzüge oder an sattblau gedruckten Flüssen entlang. Auf diese Art lassen sich die Rosinen aus der Landschaft picken, tiefe Wälder, verschwiegene Täler und mittendrin die *long and winding road*. Und vor allem lassen sich die dicken Straßen umfahren.

Was macht nun die gute Karte aus? Flüsse ändern nur selten ihren Lauf, und die Berge schauen schon seit Jahrmillionen auf das menschliche Gewusele zu ihren Füßen. Gibt es da überhaupt Spielraum für «gute» und «schlechte» Karten? Denn was sollen Karten sonst, als die Landschaft möglichst genau abzubilden?

Sehr vieles: Sie sollen uns im Idealfall unterrichten über
– das Verkehrsaufkommen auf den einzelnen Straßen
– die Steigungen an Bergen: Hierfür eignen sich Prozentangaben, häufige (!) Höhenangaben, Höhenlinien oder auch sauber ausgeführte Schummerungen
– touristische Sehenswürdigkeiten
– Fähren für Radfahrer
– Fernradwege
– Fahrradhändler (für die Panne unterwegs)
– Übernachtungsmöglichkeiten
– Entfernungen mit Kilometerangaben
– öffentliche Verkehrsnetze mit Fahrradtransportmöglichkeit und Fahrradvermietung …

Sie sehen: Im Kartenmarkt ist Raum für verlegerische Glanzleistungen.

➔ Nichts ist so gestaltungswütig wie die menschliche Spezies. Wo heute ein Park ist, ist morgen vielleicht schon ein Industriepark. Achten Sie deshalb stets auf die Aktualität Ihrer Karten. Im Gegensatz zu den Büchern ist das Auflagendatum jedoch auf Karten schamvoll verborgen; Ihr Buchhändler wird Ihnen helfen, den Code zu knacken.

➔ Eine gute (Auto-)karte ist besser als eine schlechte Fahrradkarte. Manche Karte

ziert sich mit einem Fahrradsymbol und kann noch nicht
einmal die einfachsten Anforderungen des Radlers wie
Höhenangaben usw. erfüllen.

Die wichtigste Größe beim Kauf
einer Karte ist jedoch ohne Zweifel ihr Maßstab. Wollen Sie den
Nahbereich erkunden, und fahren
Sie gerne abseits der Straßen, so
empfehlen sich Detailkarten mit
einem Maßstab von 1 : 50 000
(1 cm auf der Karte entspricht
0,5 km in der Natur). Hier ragen
als Detailkarten par excellence
die Karten der Landesvermes-
sungsämter heraus. Diese Karten
enthalten in ihren Rohversionen
zwar keine touristischen Informationen, sind jedoch präzise, stets
aktuell und damit verfahrsicher.
Sämtliche Karten sind über den
Buchhandel erhältlich. Oft werden diese Karten örtlich zu echten
Fahrradkarten aufbereitet (z. B.
durch den Kommunalverband
Ruhrgebiet für das Ruhrgebiet).
Wer etwas forscher in die Pedale tritt, ist mit einem Maßstab von
1:75 000 gut bedient (Vertreter
dieser Art sind z. B. die Wander-
karten im RV-Verlag). Hier sind
noch (fast) alle Detailinformatio-
nen enthalten, und Sie stoßen
nicht gleich an den Rändern an.
Fahren Sie längere Strecken,
z. B. bei einem Fahrradurlaub, so
wären Sie mit den kleinen Karten
die ganze Zeit mit Umblättern
beschäftigt, und in der Gepäckta-

sche hätten Sie stapelweise Karten zu transportieren. Für solche
Überflieger empfehlen sich Karten mit einem Maßstab von
1 : 150.000 (1 cm auf der Karte
entspricht 1,5 km in der Natur).
Hier ragt aus dem Angebot die
offizielle Radtourenkarte des
ADFC heraus, auf der praktisch
alle Informationen des oben skizzierten «Idealfalles» versammelt
sind. Vor allem wegen der Dar-
stellung der Verkehrsdichte und
der Warnung vor ungeeigneten
Straßen bietet sie eine gute
Grundlage für den vagabundie-
renden Zweiradler.

Kartentricks

Manche Kartenwerke versuchen
den Spagat zwischen Reiseführer
und Kartenwerk, so z. B. die
«Kompaßkarten». Hier sind einzelne Touren im Text beschrieben;
das beigefügte Kartenmaterial
erleichtert die Orientierung. Wollen Sie Touren nachradeln, sind
solche Kombikarten sicher geeignet. Legen Sie jedoch Wert auf
individuelle Planung, können Sie
die Karten vergessen.
Um dem Radfahrer die Orientierung in dem unübersichtlichen
Kartenwald zu erleichtern, bietet
der ADFC ein **Kartenverzeichnis
für Radfahrer** an (erhältlich bei
der ADFC-Bundesgeschäftsstelle,
Adresse siehe Anhang).

Tips für die Übernachtung

Natürlich ist am flexibelsten, wem sich die Hose über der Brieftasche ausbeult. Wenn die Sterne in drohenden Gewitterwolken verschwinden, nimmt der so ausgestattete Mitmensch Zuflucht bei drei, vier oder fünf Sternen neben der Flügeltür eines Hotels.

Doch auch Urlauber mit schmaleren Hüften und einer Kinderschar im Schlepptau müssen nicht verzagen. So sind Familien bei rechtzeitiger Vorbestellung z. B. in den Jugendherbergen privilegiert: Für rund 15 Mark pro Kopf bekommen Familien dort meist ein eigenes Zimmer und auf Anfrage oft einen eigenen Hausschlüssel. (Allerdings muß die Familie Mitglied im Herbergsverband

sein.) Auch in Naturfreundehäusern sind Familien willkommen.

 Zwischen eher nervenden Eigenschaften (lärmende Schulklassen, Massenbetrieb, rigide Anmelde- und Ankunftszeiten usw.) und «Wander»atmosphäre gerade in kleineren Häusern ist im Herbergsbereich alles zu haben; so sind z. B. die skandinavischen Jugendherbergen ganz auf Familien eingestellt. Manche Häuser sind architektonische Perlen; andere bieten Kochgelegenheiten zum Selberkochen an, und fast überall finden Erwachsene und Kinder schnell Kontakt zu anderen Reisenden.

Spannender als 5 Sterne: «Höhlenzimmer» in der Jugendherberge von Höör/Südschweden

Ein Dach besonderer Art ist über den ADFC erhältlich. In einem Übernachtungsverzeichnis sind 4000 Adressen von Radfreunden versammelt, die sich gegenseitig auf Radreisen Unterkunft gewähren. Wer also am Austausch mit fahrradreisenden Menschen interessiert ist, findet hier eine unkonventionelle Gelegenheit dazu (Adresse im Anhang).

Will man mehrere Tage an einem Ort verbringen, so ist der «Urlaub auf dem Bauernhof» eine ideale Variante. Sie können praktisch von der Haustür aus losrollen, und zur Freude der Kinder findet sich allerhand Getier, zur Freude der Eltern meist eine Kochgelegenheit für das gemeinsame Mahl (Kontaktadressen im Anhang).

Auch Pensionen oder kleinere Hotels überschreiten nicht unbedingt die finanziellen Schmerzgrenzen von Familien. Oft stellt der Wirt gegen einen kleinen Aufpreis Einstellbetten zur Verfügung, so daß Sie eventuell – eng, aber lustig – mit einem Zimmer auskommen.

Besonders im Ausland stehen in ländlichen Gebieten einfache Pensionen zur Verfügung, die über Dachorganisationen oder *en passant* zu buchen sind (in Frankreich z. B. die «gîtes d'étape»). Verzeichnisse solcher Herbergen sind über die jeweiligen Fremdenverkehrsämter des Gastlandes bzw. deren deutsche Vertretungen

erhältlich. Auch «Naturfreundehäuser» mit ihrem traditionsreichen Flair heißen Eltern und Kinder willkommen (Adresse im Anhang).

Sind Sie mit Zelt und Kocher gerüstet, so finden Sie auf Campingplätzen den idealen Auslauf für sich und Ihre Kinder. An Spielgefährten ist meist kein Mangel, so daß die Kleinen sich schon zu Hause fühlen, während Sie noch an der Rezeption stehen. Nicht selten (wiederum vor allem im Ausland) verfügen Campingplätze auch über feste Hütten, die auch für Nichtcamper günstige Übernachtungsmöglichkeiten bieten.

Wer die Natur mit seinen Kindern erleben will, wird in allen ländlichen Gebieten einen Bauern finden, der das Zelten auf einem abgemähten Grundstück erlaubt. Einige Bauern bieten «Camping auf dem Bauernhof» auch offiziell an. In freier Natur ist das Zelten in Deutschland, Schweiz und Österreich nicht gestattet – wer allerdings lärm- und abfallfrei auf einem Stück Brache, einem unbenutzten Feldweg oder einer abgemähten Wiese sein Zelt aufschlägt, kommt bestimmt auch in den Himmel – und kennt den röhrenden Hirsch dann vielleicht nicht nur von den Gemälden in deutschen Wohnstuben.

➔ Egal, wo Sie übernachten, in der Saison kann es eng werden. Wenn Sie nach Plan radeln, empfiehlt sich eine Reservierung.

➔ Bei der Übernachtung im Freien gilt: Vorsicht mit Lagerfeuern! Benutzen Sie hierzu nur die von der Forstbehörde eingerichteten Feuerstellen.

Da schlägt das Herz höher: 18 km die Alpen runter

5

Reparatur, Pflege, Wartung

Pflege und Wartung

Alle Vorzüge, die wir mit unserem Idealfahrrad im vorhergegangenen Kapitel «eingekauft» haben, wären schnell dahin, würde Ihre Sorge für das Fahrrad nach dem Kauf erlahmen. Denn erst die regelmäßige Wartung und Pflege des Fahrrades bewirkt, daß Sicherheit, Komfort und Leichtlauf nicht nach und nach im Alltagsleben versickern. Das echte Leben ist nun einmal nicht rostfrei. Haben Sie z. B. schon einmal nach Ihren Felgenbremsen geschaut, die in letzter Zeit so wenig «ziehen»…? Na also.

1. Rangehen

Nehmen Sie sich ab und zu ein paar Minuten Zeit für Ihr Fahrrad. Setzen Sie sich nicht immer nur drauf, sondern **schauen** Sie auch mal drauf.

2. Durchchecken

Befingern Sie Ihr Fahrrad, drehen Sie's auf den Rücken, wischen Sie ihm den Dreck von der Haut. Ein nasses Tuch reicht hierfür aus; wenn viel Öl oder Schmiere dran hängen, nehmen Sie zusätzlich etwas Brennspiritus zur Hilfe. Andere Waschmittel verschmutzen bloß die Umwelt. Das Abspritzen mit dem Schlauch hat den Nachteil, daß Spritzwasser in die Lager kommen könnte.

Ist die Gestalt Ihres Fahrrades auf diese Weise wieder mehr oder weniger erkennbar, inspizieren Sie das Gefährt ähnlich, wie Sie das Kinderrad in Abschnitt *.* durchgemustert haben:

- Roststellen am Rahmen?
- Roststellen an den Funktionsteilen, z. B. an der Kette? Rost deutet auf einen erheblichen Pflegerückstand hin – wenn es «wie geschmiert» laufen soll, müssen Sie jetzt was tun (siehe unten).
- Stoßen Sie die Laufräder an: Laufen sie rund (keine «Acht»)?
- Rütteln Sie leicht an den Rädern: Hat das Achslager zuviel Spiel?
- Machen Sie dasselbe an den Tretkurbeln: Ist das Tretlager ausgeschlagen?
- Bei Nabenschaltungen: Ist die Kette nicht zu straff oder zu locker gespannt? (Faustregel: Kette darf ca. 1–2 cm «durchhängen».)
- Sind die Bremsen korrekt eingestellt? (siehe unten)
- Sind die Bremsbeläge abgefahren?
- Ist der Scheinwerfer richtig befestigt, funktioniert die Beleuchtung?
- Ist die Befestigungsschelle des Dynamos noch angezogen? Ein plötzlich ins Laufrad geklappter Dynamo kann zu Stürzen führen! Ist der Dynamo vernünftig angebracht (wie's sein soll, siehe S. 35)?
- Weitere Besichtigungspunkte:

Glocke (helltönend?), gelbe Rückstrahler an den Pedalen (verschmutzt?), Speichenreflektoren (sitzen sie noch fest?), Frontreflektoren (vorhanden?), Reifenprofil (nicht zu stark abgefahren?), ausreichender Reifendruck? Pedale (rutschfest und griffig?, nicht zu sehr ausgeschlagen?).

3. Rost weg

Rost ist häßlich und zerstört Ihr Fahrrad. Reinigen Sie die Roststellen am Rahmen zunächst mit Wasser, sorgen Sie alsdann z. B. mit Reinigungsbenzin oder Brennspiritus für einen fettfreien Untergrund. Kratzen und schmirgeln Sie die Stelle dann so weit ab, bis blankes Metall zum Vorschein kommt. Fahren Sie noch einmal mit dem in Spiritus getränkten Lappen über die Stelle. Lackieren Sie nach einer kurzen Trocknung die Stelle über. (Wer einen Sinn für dauerhafte Wertarbeit hat, pinselt vorher einen Rostschutzgrund auf.)

4. Einstellen

Alle Komponenten des Fahrrades können sich verziehen, abnutzen, längen, verdrehen. Sorgen Sie deshalb alle drei Monate für die richtige Einstellung.

Bremsen:
– Überprüfen Sie den korrekten Sitz der Bremsschuhe zur Felge (müssen parallel zur Felge laufen, müssen mit der vollen Fläche auf der Felge aufsetzen, dürfen den Mantel nicht berühren, sollen möglichst geringen Abstand zur Felge haben: 2 mm «Luft» sind ideal). Das Profil muß erhalten sein – tauschen Sie abgefahrene Bremsgummis rechtzeitig aus!
– Züge kontrollieren: Sind einzelne Drahtfasern ausgerissen? Sind sie noch leichtgängig? Sind die Züge zerfasert, so tauschen Sie diese sofort aus.
– Steinchen und Metallspäne fressen sich gerne in den Bremsgummis fest und nehmen ihnen die Wirksamkeit – schmirgeln Sie die Bremsfläche von Zeit zu Zeit ab, Sie werden staunen über den neuen «Biß». Auch das Abreiben der Bremsflächen sowie der Felgen mit etwas Spiritus wirkt Wunder.

➔ Achten Sie stets auf den zu Ihrer Bremse passenden Nippel! (Der Bremszug kann bei falschem Nippel vorzeitig reißen.) Und wenn Sie schon dabei sind. Schmieren Sie den Zug vor dem Einführen in die Außenhülle mit Lagerfett oder Vaseline. (Falls Sie die neueren reibungsarmen Teflon-Innenhülsen verwenden, können Sie sich das Schmieren des Zuges sparen – Säuren im Schmiermittel könnten den Kunststoff sogar anlösen.)

➜ Bei der Wartung der Bremsen kommt leicht Schmierstoff auf die Bremsbacken. Wischen Sie die Bremsflächen deshalb nach jeder Montage mit Waschbenzin oder Spiritus ab!

➜ Wenn die Bremsbacken nur einseitig ziehen, so wird die Felge bei jedem Bremsvorgang aus der Mittelposition gedrückt – dies nehmen die Speichen auf die Dauer krumm. Machen Sie sich also beizeiten auf die Suche nach dem richtigen Schräubchen (bzw. der Kontermutter), um die Bremse mittig zu zentrieren.

➜ Wenn Sie die Schalter der Bremszüge neu verlegen müssen, so denken Sie an die alte Monteurregel: Möglichst kurz, möglichst wenige und schon gar keine engen Kurven! (Die Züge dürfen nicht abknicken, wenn der Lenker voll eingeschlagen ist.) Nur reibungsarme Außenhüllen mit Teflon-Innenhülle benutzen.

Schaltung:
Die meisten Radler haben (zu) viel Respekt vor der Einstellung ihrer Kettenschaltung. Dabei ist es doch soooo einfach. Eingestellt werden muß eigentlich nur:

– Der *Schwenkbereich* des Schaltwerks. Sie wissen ja aus Erfahrung: Wird die Kette über den Zahnkranz hinaus transportiert, so verklemmt sie sich zwischen Speichen und Kranz bzw. zwischen Kranz und Rahmen. Deshalb wurden dem Schaltwerk 2 Schräubchen beigegeben, die den Anschlag fixieren. Meist sind diese Schräubchen mit einem H für high und einem L für low gekennzeichnet. Diese Auszeichnung ist eine echte Herausforderung an Ihr Kombinationsvermögen. *H*igh nämlich steht für *h*ohe Übersetzung, an dem H-Schräubchen wird also der Anschlag *des kleinen Ritzels* eingestellt, am L-Schräubchen wird entsprechend der Schaltweg *des großen Ritzels* begrenzt. Um nun den Anschlag *des kleinen Ritzels* zu fixieren, wird die H-Schraube so gedreht, daß die Kette nicht mehr über das kleinste Ritzel hinaus springen kann. (Beachten Sie, daß die Kette bei diesem Manöver vorne auf dem größten Kettenblatt liegt).

Am größten Ritzel geht's genauso: Die Kette liegt vorn auf dem kleinsten Blatt, während Sie die L-Schraube so drehen, daß die Kette hinten nicht über das größte Ritzel hinaus wandern kann.

 Die ganze Einstellerei macht nur dann einen Sinn, wenn Ihr Schaltzug leichtgängig ist. Schwergängige Züge begrenzen den Schaltweg schon allein durch ihre Reibung.

– Dann bleibt Ihren gefühlvollen Fingern nur noch die *Feineinstellung* des Schaltwerks. Diese sorgt bei den modernen Rasterschaltungen dafür, daß jeder Gang auch wirklich sitzt, d. h. daß die Kette genau über dem entsprechenden Ritzel fluchtet. Um nun die Feineinstellschraube (diese befindet sich dort, wo die Schaltzughülle am Schaltwerk endet) richtig zu stellen, rückt man den Schalthebel in die Stellung, die das zweitkleinste Ritzel schaltet. Das Schaltwerk kann nun durch Drehen an der Schraube leicht nach links oder rechts verschoben werden. Am Ziel Ihrer Bemühungen sind Sie dann angelangt, wenn die Kette geräuschlos über das Ritzel rollt und der Gangwechsel zum nächstgrößeren Ritzel ohne Quälerei und Lärm vonstatten geht.

In welche Richtung muß das Schräubchen nun gedreht werden? Es ist für Technikfreaks sicher gaaaanz logisch, aber ich merke mir den richtigen Dreh auf sture Art: Neigt die Schaltung

zum Überschalten, d. h. überspringt die Kette beim Schalten einen Zahnkranz in den größeren Gang, dann ist die Zugspannung zu groß. Drehen Sie die Stellschraube nach rechts.

Schafft es die Kette dagegen nicht so richtig auf den nächstgrößeren Kranz, dann ist die Spannung zu gering, drehen Sie die Stellschraube nach links, bis die Schaltung sich Ihrem Willen beugt.

Ist doch eigentlich kein Hexenwerk, oder? (Gott sei Dank verfügt das vordere Schaltwerk über dieselben H- bzw. L-Schräubchen, so daß Sie hier noch einmal die Einstellung des Schaltbereichs üben können. Eine Feineinstellung gibt es hier allerdings nicht).

Tretlager, Steuerlager, Naben: Stellen Sie am Tretlager, Steuerlager oder an den Naben ein Lagerspiel fest, so geht es auch hier an die Einstellung. Lösen Sie das Problem am besten mit den einschlägigen Reparatur-Handbüchern (siehe Anhang) oder mit Hilfe Ihres Fahrradhändlers.

5. Durchölen

Das «Durchölen» erleichtert nicht nur den Lauf der drehenden Teile, sondern bringt Ihr Rad auch durch seinen schützenden Effekt über die Jahre. Nun muß Ihr Fahrrad nicht in Öl gebadet werden, um gut zu rollen oder flott

auszusehen, ein wohldosierter
Einsatz von Schmierstoffen an
gewissen Stellen braucht das
Herzchen jedoch allemal. Sind Sie
mit der Ölflasche knauserig, so
setzt der Rost binnen weniger
Wochen an Ihrem Fahrrad neue
Farbakzente; die Kette versucht
zusätzlich mit Schnarren, dann

mit Rattern und schließlich mit
erbärmlichem Quietschen, auf
den Pflegenotstand aufmerksam
zu machen – dabei wäre die
Schwergängigkeit schon Strafe
genug. Spätestens wenn es rattert,
ist es Zeit zum Griff nach der Ölflasche.

Was heißt allerdings Öl?

Das Pflege- oder Schmiermittel muß sich nach der Funktion des
behandelten Teiles richten:
– So ist der Schmiereffekt bei einer mit normalem Maschinenöl
geölten Kette z. B. gering; die mangelhafte Reißfestigkeit läßt
das Öl unter Belastung versagen. Fett dagegen schmiert gut,
zieht jedoch Staub und Schmutz an; versuchen Sie's lieber mit
einem zähflüssigen Getriebeöl (SAE 80, z. B. im Autozube-
hörhandel) oder mit den im Fahrradfachhandel erhältlichen,
meist recht teuren Spezialölen z. B. auf Silikonbasis. Auch
Sprühwachs (siehe unten) ist zur Kettenpflege geeignet; da es
nur schwer ausgewaschen wird, tut es seinen Dienst vor allem
im Winter hervorragend.
– Auch andere Stellen, an denen Metall auf Metall reibt, schreien
nach Schmierstoffen. Ein paar Tropfen Öl an Drehpunkten,
Scharnieren und Gelenken wirken Wunder. Sind die Stellen
schwer erreichbar (Schräubchen, Scheibchen, Löchlein), so
schlägt die Stunde des Fahrrad- (oder Nähmaschinen)öls, sind
die Teile dagegen gut zugänglich (z. B. Schaltzüge und Bremszüge bei der Montage), so ist ein Abschmieren mit Vaseline
oder Lagerfett die langlebigere Lösung.
– Geht es in erster Linie um Korrosionsschutz, so kann eine dünne Schichte Vaseline auf die Flächen aufgetragen werden. Bewährt hat sich für solche Fälle auch das Sprühwachs, das sehr
gut in Hohlräume usw. eindringt.

 ➔ Bevor Sie sich ans Ölen machen, empfiehlt sich ein grobes Abwischen der Kette mit einem in Spiritus getränkten Lappen. Ist die Kette von einem harten Schmutz- bzw. Ölfilm überzogen, so kann eine ausrangierte Zahnbürste bei der Reinigung gute Dienste leisten. Evtl. muß die Kette sogar zur Intensivreinigung in Waschbenzin gelegt werden. In jedem Fall müssen am Ende Ihrer Bemühungen alle Glieder ohne Widerstand beweglich sein, sonst ist der Metallstrang reif für den Müll.

➔ Allzuviel ist ungesund, was Sie zuviel draufklatschen, landet später in Form von kleinen Tröpfchen auf Ihren Kleidern. Es ist aus demselben Grund keine schlechte Idee, die Kette am Schluß noch einmal mit einem Tuch abzureiben.

➔ Nach jedem Großeinsatz von Schmierstoffen sollte die Felge einmal mit einem in Spiritus getränkten Lappen abgerieben werden; Öl hat im Bremsbereich nichts zu suchen.

➔ Das angegebene Pflegeschema empfiehlt sich auch, wenn Sie Ihr Fahrrad im Winter einmotten wollen; es schaut Ihnen dann im Frühjahr viel frischer ins Angesicht (siehe unten).

Neue Kette fällig

Auch wenn Sie Ihre Kette noch so gut pflegen, irgendwann ist ihr Lebenslauf zu Ende; die Kette ist dann so sehr gelängt, daß sie die Zähne des Zahnkranzes und des Kettenblattes angreift. Im Interesse Ihres Geldbeutels sollten Sie ihr rechtzeitig die rote Karte zeigen. Dieser Zeitpunkt ist (je nach Pflegezustand der Kette) nach ca. 3.000–5.000 km gekommen. Wer nicht weiß, wie viele Kilometer seine Kette drauf hat, der geht folgendermaßen vor: Er schaltet die Kette vorne auf das größte Kettenblatt, faßt die Kette dort, wo sie am sattesten aufliegt (am vorderen Teil des Kettenblattes), zwischen Daumen und Zeigefinger und hebt die Kette so weit es geht ab. Entstehen hierbei mehr als 3–4 mm «Luft» zwischen Kettenblatt und Kette, so darf der Kettenwechsel nicht länger hinausgezögert werden.

Die Frühjahrskur für das Fahrrad

Im Winter nagt nicht nur der Zahn der Zeit, sondern auch das Streusalz und der korrosionsfördernde Regen am Fahrrad. Im Frühjahr ist dann Schadensbegrenzung angesagt, und hier steht ergänzend zur obigen Checkliste das «Schmieren und Ölen» im Vordergrund:

✔ Vorder- und Hinterradlager (Achslager): Auch wenn diese Lager heutzutage meist recht gut gegen Sprühwasser gedichtet sind, einmal im Jahr müssen Vielfahrer dennoch ran: Räder ausbauen, Konen öffnen, Lager und Kugeln begutachten und schmieren bzw. Kugeln austauschen (Tips und Tricks hierzu verraten Ihnen die einschlägigen Reparaturbücher, siehe Anhang).

✔ Das Tretlager: Dieses ist bei vielen Rädern heute wartungsfrei. Bei den anderen muß die Kurbel abgezogen werden, das Lager geöffnet und die Kugeln und die Achse inspiziert und neu gefettet werden.

✔ Rücktrittbremsen müssen überprüft werden, ob das Bremsverhalten nicht gelitten hat; neigen sie zum Blockieren, so muß der Bremsmantel neu mit Spezialfett beschichtet werden (eher ein Fall für die Werkstatt).

✔ Natürlich wird die Kette als Kandidat Nr. 1 für Korrosion und Verschleiß im Winter mehrmals kontrolliert und gepflegt.

✔ Reifen: Auf Schnitte z. B. durch Splitt überprüfen.

✔ Bremsen: Hier dürfen Sie wieder einstellen nach Herzenslust (siehe oben); sind die Züge schwergängig, so müssen sie abgeschmiert und evtl. die Außenhülle gewechselt werden. Zwischendurch können Sie aber auch eine einfache Ölung vornehmen: Verwenden Sie ein säurefreies Fließöl, das Sie zwischen Außenhülle und Innendraht fließen lassen. Dank der Kapillarwirkung benetzt es nach einiger Zeit den ganzen Zug.

✔ Laufräder: Ist die Speichenspannung nicht zu sehr abgesackt?

✔ Und natürlich werden Sie Ihrer Sicherheit zuliebe noch einmal das Licht überprüfen und Ihr Flickzeug für die sommerlichen Radtouren aktualisieren.

Wer es nicht selber machen mag, der bringt sein Rad in Kur zum Händler. Wehe aber, er wartet damit bis zum Saisonbeginn, er wird es in der Warteschlange der Mühseligen und mit kranken Fahrrädern Beladenen bereuen.

Das 1 x 1 des Reparierens

Überall, wo sich Leute zusammentun, ob in Partnerschaften oder in Wohngemeinschaften, stehen im Regelfall auch einige Fahrräder vor der Tür. Und durch die Launen der Natur drängen sich bald Kinderräder zwischen die größeren Modelle. Von jetzt an können Sie wetten: Eines davon ist immer kaputt. Man hat dann die Wahl: Entweder man ist die ganze Zeit mit einem Bein beim Fahrradhändler (der einem für Reparaturen in der Regel einen Termin von vier bis sechs Wochen nennen wird), oder man setzt seine Beziehungen zu einem Fahrradbastler in der Nachbarschaft für eine subtile Nötigung ein, oder aber – man repariert das Rad selber. Und im Gegensatz zur Stereoanlage, die so vollgestopft mit elektronischer Steuertechnik ist, daß selbst Fachleute dem Ding kaum mehr unter die Haube trauen, hat Ihr Fahrrad einen Vorteil: Es basiert auf den Grundlagen der Mechanik, so wie sie im 18. Jahrhundert entwickelt wurden. Kaum ein Bauteil, das nicht schon unsere Altvorderen hätten reparieren könnten.

Was gehört denn nun zum Standard-Reparatur-Repertoire, das der Fahrradfahrer draufhaben sollte? Je nach tüftologischem Ehrgeiz, Anzahl der linken Hände und Bevölkerungsdichte der Me-chaniker in der Nachbarschaft wird jeder hierauf eine andere Antwort geben. Ich bewundere diejenigen, die folgendes können:
– Platten flicken
– Beleuchtung reparieren
– «Acht» ausgleichen.
Für die ausgefeilteren Finessen sollte man sich sachkundigen Rat aus Reparaturbüchern holen (Empfehlungen zur Auswahl im Anhang).

Platten flicken

Eingefleischte Autofahrer stellen sich den Fahrradfahrer als ein stets mit irgendwelchen Gummilösungen und Luftpumpen hantierenden Überlebenskünstler vor, stets in der Gefahr, von Glasscherben usw. niedergestreckt und ein weiteres Mal flickenderweise an den Fahrbahnrand gedrängt zu werden. In der Wirklichkeit ist es natürlich anders: Heute sind Laufleistungen von vielen tausend Kilometern ohne Platten eher die Regel als die Ausnahme. Allerdings müssen Sie dann schon mit hochwertigen Schläuchen und Mänteln unterwegs sein, und Sie dürfen nicht zögern, diese auszutauschen, sobald das Profil abgefahren ist. Auch ist ein voll aufgepumpter Reifen weit weniger anfällig gegenüber Plattfüßen als ein wenig aufgepumpter Pneu; dieser nämlich läßt scharfkantige Gegenstände nicht abprallen, sondern nimmt sie mit seinem weichen Mantel geradezu in sich auf.

Und natürlich muß die Montage und eventuelle Reparatur eines Pneus perfekt durchgeführt sein:

Angenommen, Sie hätten einen Platten: Pfffff – langsam setzt Ihre Felge auf dem Grund auf. Ganz richtig: Sie müssen absteigen. Wer auf der Felge weiterfährt, ruiniert diese mit ziemlicher Wahrscheinlichkeit. Wohl dem, der nun nicht vergebens nach seiner Pumpe sucht. Denn bevor Sie das Rad samt Reifen demontieren, muß Luft her. Geben Sie einige Stöße in den Schlauch, und benetzen Sie die Ventilöffnung mit etwas Spucke. Treten kleine Bläschen aus, ist das Ventil überführt – leider gibt es nicht für alle Schlauchtypen Ersatzventile oder Ventilstücke; Sie müssen dann den ganzen Schlauch austauschen.

War es das Ventil nicht, bauen Sie das entsprechende Laufrad aus, ziehen den Mantel ab (tun Sie dies mit Schraubenziehern oder ähnlichem scharfen Werkzeug, so haben Sie gleich noch ein paar zusätzliche Löcher zum Flicken, schade eigentlich – Reifenheber aus Plastik wurden eigens zu diesem Zweck ersonnen).

Pannenprofis lassen das Rad eingebaut, heben den Mantel auf einer Seite ab und ziehen den Schlauch hervor. Alsdann wird der Reifen aufgepumpt. Ein langsam anschwellendes Zischen führt Sie auf die richtige Spur. Hören Sie auch am prall aufgepumpten Fahrradschlauch nichts, so müssen Sie es doch mit dem Wassereimer versuchen – was übrigens auch die sicherere Methode ist, denn wer weiß schon, wie viele kleinere Löcher man übersieht, wenn man sich nur von seinem Gehör leiten läßt.

→ Bevor Sie nun einen Flicken zur Hand nehmen, muß unbedingt die entsprechende Stelle im Mantel untersucht werden; oft stecken hier noch Dornen, Nägel oder Splitter, die Sie nach ein paar hundert Metern gleich wieder hinstrekken würden. Befingern Sie also die Reifendecke von innen und von außen ganz genau. Auch die Speichenkopfseite sollte ausgetastet werden; nicht selten drücken sich zu lange Speichen durch das Felgenband und messern den Schlauch auf.

→ Haben Sie unterwegs kein Wasser zur Verfügung, versuchen Sie's mit der Oberlippenprüfmethode. Der feine kühle Luftstrahl wird Ihnen nicht entgehen. Anschließend ist das Loch mit etwas Spucke schnell geortet.

Sind Sie nun soweit mit Ihrem Reifen im reinen, geht es ans

Flicken. Verzeihen Sie mir, wenn ich die Technik hier noch einmal schildere?

– Betroffene Stelle aufrauhen (die Stelle finden Sie in der Zwischenzeit bestimmt nicht mehr, hätten Sie sie doch gleich am Anfang mit Kugelschreiber oder etwas ähnlichem markiert ...)
– Vulkanisierflüssigkeit auftragen (nicht zu dick)
– Mit Geduld warten, bis die Stelle komplett abgetrocknet ist
– Flicken mit Druck auf die Klebestelle quetschen. Wollen Sie auf Nummer Sicher gehen, so pumpen Sie den Schlauch nochmals auf und kontrollieren erneut.

Setzen Sie den **Reifen** (= Mantel) nun mit einer Flanke in die nackte Felge. Schieben Sie dann den leeren Schlauch auf das Felgenbett (beginnen Sie dabei mit dem Einführen des Ventils in die entsprechende Felgenöffnung!). Haben Sie den Schlauch in seiner neuen Heimat untergebracht, so pumpen Sie unbedingt etwas Luft hinein, er könnte sonst zwischen Felge und Reifen einklemmen (derart montierte Schläuche neigen zum Platzen, was Sie in die ewigen Jagdgründe befördern könnte). Nun drücken Sie die Reifenwand auch auf der noch offenen Seite in das Felgenbett hinein. Beginnen Sie auch hier stets am Ventil. Schieben Sie das Ventil dabei ruhig tief in das Felgenloch, so daß die Reifenflanke vollständig im Felgenflansch versinken kann. Alsdann heben Sie den Rest der Decke beidhändig über das Felgenhorn. Dies wird ganz zum Schluß nur noch kräftigeren Naturen gelingen, so daß Sie in der Regel wieder Ihre Reifenheber zur Hilfe nehmen werden. Überprüfen Sie nun noch einmal den Sitz des Reifens anhand der Linien an den Seitenwänden und geben Sie wieder Luft in den Schlauch.

Neu! Hochwertig! Erprobt! Ein Wunder aus dem Jahre 1906

Viele Radfahrer fürchten das Platzen ihres Schlauches und halten sich beim Pumpen scheu zurück. Dabei spricht einiges für satte Luft im Reifen: Das Fahrrad rollt besser, und Sie haben weniger Probleme mit Plattfüßen. Haben Sie beim Pumpen deshalb keine Hemmung: Es dürfte Ihnen mit gewöhnlichen Pumpen kaum gelingen, Ihren Schlauch zum Platzen zu bringen. Vielleicht haben Sie einmal die Gelegenheit, Ihre Reifen mit einer vernünftigen Luftpumpe mit Manometer (z. B. im Fahrradgeschäft) aufzupumpen (bis zu welchem Druck dies möglich ist, steht auf jedem Reifen seitlich drauf). Machen Sie dann den Härtetest: drücken Sie mit Ihren Fingern seitlich in den Reifen; Sie bekommen ein Gefühl dafür, was «gut aufgepumpt» heißt. Den Druck reduzieren Sie nur dann, wenn Ihr Fahrrad starker Sonnenstrahlung ausgesetzt ist, oder wenn Sie sehr lange Pässe mit Gepäck durchbremsen müssen; die Hitze der Felge könnte die Luft eventuell so stark ausdehnen, daß Ihr Schlauch sich verabschiedet.

«Acht» ausgleichen

Sie glauben ja nicht, welche technischen Fertigkeiten in Ihnen schlummern! Mechanische Wagnisse, die Sie sich noch vor Stunden niemals zugetraut hätten, gehen Sie auf einmal ganz mutig an – einzige Voraussetzung: Ihr Fahrrad liegt lahm am Straßenrand, und Sie schaffen es nicht mehr weiter. Dann bekommt der Erfindergeist Flügel, und im Versuch-und-Irrtum-Verfahren wird das Rad so weit zusammengeflickt, daß es zumindest bis zur nächsten Werkstatt weitergehen kann. Manch einer hat von Stund an den Kampf mit der Technik als stimulierenden Bestandteil des Fahrradfahrens empfunden.

Die Felge würde nie ihre Form bewahren, wäre sie nicht durch den gleichmäßigen Zug der Speichen zum spurtreuen Umlauf gezwungen. Geben eine oder mehrere der Speichen nach, so beginnt das Rad zu eiern. Dies sorgt nicht nur für ein unangenehm schlabbriges Fahrgefühl, sondern führt rasch zum Verschleiß der Reifendecke. Auch kann sich die Acht in die Felge «einfahren»; die Felge ist dann nicht mehr zu retten. Sie sollten deshalb auch im Interesse Ihres Geldbeutels jedes spürbare Eiern möglichst schnell ausgleichen.

Das Prinzip dürfte einleuchten: Der Achter ist nichts anderes als ein Seitenschlag, d. h. die Felge schlägt über eine mehr oder weniger lange Strecke aus ihrer zentrierten Mitte aus. Sie wartet nun darauf, daß Sie sie wieder auf die rechte Bahn bringen. Dies geschieht folgendermaßen: Sie ziehen die Speichen auf der dem Achter abgewandten Seite ein bißchen an. Ist der Achter stark ausgeprägt (seitlicher Ausschlag größer als 5 mm), so lösen Sie vorher die Speichen auf der Seite des Achters ein wenig. Nicht schwer, oder?

– Stellen Sie das Rad «auf den Kopf» (Vorsicht! Bremszüge knicken leicht)

– An dem Abstand zwischen Bremsklötzen und Felgen können Sie ablesen, wo die Felge aus der Mitte ausschlägt. Drücken Sie den Bremsklotz bei rotierendem Laufrad so weit nach innen, bis das ausgebeulte Stück dagegen schleift. Markieren Sie sich diese Stelle, etwa mit einem Fingerstrich auf der verstaubten Felge. Genausogut können Sie ein Stück Kreide seitlich an die Felge halten; das verzogene Stück verrät sich dann durch eine Kreidemarkierung.

– Die Speichen, die in dem ausgeschlagenen Stück verankert sind, sind nun die Kandidaten für die Aktionen des Speichenspanners (beim leichten Achter lediglich die vom Schlag wegziehenden Speichen; beim stark ausgeprägten Achter sowohl die Speichen auf der Achterseite als auch diejenigen auf der gegenüberliegenden Nabenseite).

In Zeitlupe

– Schauen Sie zunächst, ob sich die vom Schlag wegziehenden Speichen gelöst haben. In diesem Falle ist es mit einem Anziehen der schlackernden Speichen getan.

– Liegen keine gelockerten Speichen vor und ist der Ausschlag trotzdem groß, so **lösen** Sie die Speichen auf der **schleifenden** Seite um eine viertel Umdrehung. Diesen Schritt können Sie sich beim leichten Achter sparen.

– **Spannen** Sie dann die Speichen auf der Gegenseite ebenfalls um eine viertel Umdrehung (die ganz in der Mitte der Ausbeulung liegende Speiche vielleicht ein bißchen mehr).

Nun ist «Spannen» und «Lösen» leicht gesagt: Betrachten wir den Speichennippel von der Nabe her: Sie **lösen** den Speichennippel, indem Sie ihn im Uhrzeigersinn drehen, Sie **spannen** ihn, indem Sie ihn gegen den Uhrzeigersinn drehen. Kann nicht schiefgehen, oder?

– Nun kontrollieren Sie wieder das drehende Rad mit dem Bremsklotz. Schleift die Felge noch immer, so wiederholen Sie die Prozedur. Dies tun Sie so lange, bis Sie die Ausbuchtung perfekt ausgerichtet haben. Glückwunsch!

Beleuchtung reparieren

Drähtchen, Birnchen, Kabel – bei der Beleuchtung besteht an allen Ecken und Enden Verdunklungsgefahr.

Recht häufig gewinnt das Dunkel durch ein abgerissenes Kabel oder ein durchgebranntes Birnchen Oberhand. Eine einfache Inspektion bringt den Fehler ans Licht. Tückisch dagegen ist der fehlende «Massekontakt» (siehe unten), ein oxidierter Kabelanschluß oder gar ein in seiner Hülle gerissenes Kabel. Vom geschrotteten Dynamo (selten) ganz zu schweigen.

Die Erleuchtung

✔ Inspizieren Sie den Verlauf der Kabel: Sind sie z. B. an ihren Kontaktpunkten abgerissen?

✔ Öffnen Sie zunächst Scheinwerfer und Rücklicht, drehen, wackeln oder ziehen Sie das Birnchen – je nach Scheinwerfermodell – heraus. Halten Sie sich das Birnchen vor die Nase; ist die Leuchtspirale durchgebrannt, ersetzen Sie das Birnchen.

✔ Ist das Birnchen intakt, so prüfen Sie die Kontakte: Schaben Sie das Kabel blank, rauhen Sie die Klemmungen auf, putzen Sie den Lötsockel der Birne. Prüfen Sie, ob die Kontaktzunge den Lötsockel der Birne berührt. Falls nicht: Biegen Sie die Zunge so nach oben, daß mehr Druck entsteht.

✔ Gibt's noch immer keine Erleuchtung, so müssen Sie sich um die «Masse» kümmern: Der Rahmen wird ja im Stromkreislauf als Rückleitung mitbenutzt. Ist der Dynamo, Scheinwerfer oder das Rücklicht nicht mit dem leitenden Rahmenmetall verbunden, so kann der Saft nicht fließen. Diese potentiellen Lücken müssen genau überprüft werden: Ziehen Sie die Schrauben an, schcuern Sie alle Kontakte blank – es müßte nun alles wieder funktionieren.

6

Fahrrad

und Gesundheit

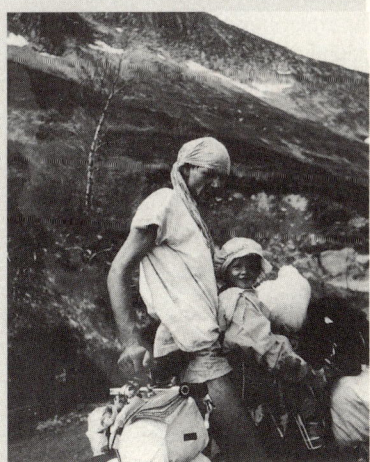

Kann man sich «überanstrengen»?

Das Pferd, das den historischen Wettlauf mit dem Fahrrad nach Wien (siehe S. 105) verlor, hatte sich dem zeitgenössischen Bericht zufolge so sehr verausgabt, daß es im Ziel erschossen werden mußte. Was blüht dann erst dem zivilisationsgeschwächten Menschen, wenn er sich körperlich übernimmt?

Nun hat die Menschheit ja schon viele Höchstleistungen und Weltrekorde erlebt, ohne daß der Tod gleich zugriff. Andererseits scheinen kleinere Gebrechen fast schon zum sportlichen Einsatz zu gehören: Ein ganzes Heer von Sportärzten und Physiotherapeuten ist tagein, tagaus damit beschäftigt, die gequälten Bänder, Gelenke und Muskeln der Ertüchtigten wieder zu richten. Oft sind solche Verletzungen Folgen der Ermüdung, der leidtragende Sportkollege hat sich also tatsächlich «überanstrengt». Die folgenden Regeln sollen Ihnen helfen, auf dem Grat zwischen Anstrengung und Überanstrengung nicht abzustürzen:

– Auch wenn der volle Bewegungstrieb durchbricht, sollten Sie **vernünftig** bleiben: Mit der Bergbahn rauf auf Dreitausendergipfel, um dort ohne Höhenanpassung Extremsport zu betreiben, führt nun einmal leicht zum körperlichen Fiasko.
– Orientieren Sie sich nicht an irgendwelchen Streckenrekorden oder dem triathlontreibenden Nachbarn, sondern an Ihrem eigenen Fitneßgrad. Übertriebener Ehrgeiz ist eine gute Voraussetzung, um den Krankengymnasten kennenzulernen.
– Beginnen Sie bei Extrembelastungen langsam, steigern Sie dann allmählich und je nach Puste; Sie lernen so Ihr Leistungsvermögen mit seinen natürlichen Grenzen einschätzen.
– Wer voll auf die Tube drücken will, muß gesund sein; im Zweifelsfall sollten Sie den Rat des Arztes suchen.
– Alter ist keine Krankheit. Trotzdem setzen Spitzenbelastungen gerade im Alter Training, Vernunft und gute Gesundheit voraus.
– Verlieren Sie aber nicht aus den Augen, daß der wirkliche Killer die «Unterbelastung» ist. Mit «no sports» geht es zwar nicht zum Krankengymnasten, dafür zum Kardiologen, Diätberater usw. – vom laschen Lebensfeeling ganz zu schweigen.

Schwangerschaft und Fahrradfahren

Besonders beim ersten Kind denken viele mit Nachwuchs gesegnete Eltern instinktiv: Jetzt hört das Leben auf, alles wird anders (und natürlich schlechter), als es war.

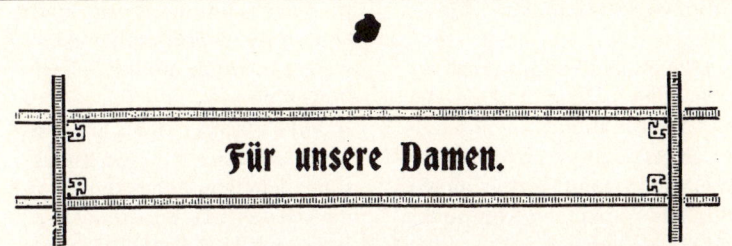

Für unsere Damen.

— Radfahren und Bleichsucht. Ich entsinne mich aus meiner Jugend verschiedener abenteuerlicher Mittel, die zur Heilung von Bleichsucht angewendet wurden. Ein Schäfer empfahl dringend das Tintetrinken. Wenn dies merkwürdige Mittel in einigen wenigen Fällen half, so lag es daran, daß dies Getränk Gerbsäure enthielt, die zusammen mit Eisen unsere Tinte darstellt. Aber nicht alle Tinte besteht aus Gerbsäure und Eisen, und so ist dieses Mittel eines der verhängnisvollsten, was angewendet werden kann. Ein viel unschädlicheres Mittel, das aber auch oft genug seine Wirkung versagt, ist Rotwein, in dem altes Eisenzeug zwecks längerer Auslaugung lag. „Schafft Eisen ins Blut," hieß eine Zeitlang der allgemeine Rat beim Anblick so vieler Bleichgesichter und matt und müde aussehenden Mädchen und Frauen. Gewiß, der Mangel an Eisengehalt des Blutes ist eine Ursache der Bleichsucht. Aber alles Eisenschlucken in flüssiger oder in Pillenform wird wenig nützen, wenn nicht gleichzeitig eine gesunde und vernunftgemäße Lebensführung betrieben wird, die dazu hilft, die Verdauung zu fördern, überhaupt fähig zu machen, das Mittel dem Organismus zuzuführen. Was hilft es, wenn der Magen mit einem Medikament belastet wird, das er nicht verarbeiten kann. Viel Bewegung in frischer Luft ist eines der besten oder vielmehr das beste Mittel, wenn es sich um Heilung von Bleichsucht, um Verbesserung des Blutes handelt. Tiefatmung in gesunder Luft und zweckmäßige Bewegung sind die notwendigen Unterstützer einer Eisenkur. Der hochangesehene englische Arzt Dr. Blakland schrieb schon vor mehreren Jahren: „Die ganze Heilkunde enthält kein Stärkungsmittel, kein Blutreinigungsmittel, das an angenehmer und sicherer Wirkung jener Kombination gleichkommt, aus der ein gutes Stahlrad besteht. Das Zweirad ist ein Triumph des menschlichen Gedankens über die träge Materie, es wird Gesundheit schaffen, es wird der Menschheit neue Kraft bringen." Das Rad — richtig gefahren — hat dies auch getan. Nur da, wo sinnlos und

Schafft Eisen ins Blut! Der gesundheitsfördernde Aspekt des Fahrradfahrens beeindruckte schon unsere Vorfahren

Wir können als nun immerhin dreifache Eltern nur dazu raten, die Dinge nicht komplizierter zu machen, als sie sind, und sich den Spaß und die Freude an der neuen Lebenssituation nicht durch einen mächtigen Überbau an Regeln, Ängsten und Konventionen nehmen zu lassen.

Dies gilt auch für die Zeit, in der die Kleinen noch «drin» sind. Volkes Meinung zum Thema Fahrradfahren in der Schwangerschaft ist eher ablehnend: Anstrengungen, Schüttelbewegungen, Wind und Wetter – was könnte da nicht alles passieren? Und der Rat der Autoritäten (Arzt)? Ach: selbst der vertrauenerweckende Spruch «Fragen Sie Ihren Arzt» hilft nicht weiter, denn jeder Arzt hat nun mal eine andere Meinung.

Natürlich muß während der Schwangerschaft mit dem Kräftehaushalt rücksichtsvoll umgegangen werden. Sehr große Anstrengungen sollen vor allem in den ersten drei Monaten und den letzten sechs Wochen vermieden werden.

Ansonsten jedoch kann frau so weitermachen wie bisher. Und in dem «**Weitermachen wie bisher**» liegt auch die goldene Regel für das sportliche Verhalten während der Schwangerschaft: Alles, an das der Körper gewöhnt ist, kann in der Schwangerschaft weitergeführt werden. Die werdende Mutter sollte aber nicht plötzlich während der Schwangerschaft ihr Talent im Rennsport entdecken, wenn sie vorher nur am Schachbrett übte.

Mit fortschreitender Schwangerschaft werden einige Anpassungen an dem Fahrrad notwendig werden: Mit wachsendem Bauch wird die Sitzhaltung aufrechter werden müssen, so daß eventuell Vorbau und Lenker angepaßt werden müssen. Manche Frauen werden jetzt einen breiten, gefederten Damensattel bevorzugen, andere werden auch unter den geänderten Umständen ihrem «eingefahrenen» Modell treu bleiben wollen.

Hautschutz auf dem Fahrrad

Es hat sich längst herumgesprochen, daß die Sonne nicht nur unsere Lebensgeister weckt, sondern daß sie, im Übermaß genossen, unseren Körper auch schädigen kann: Vorzeitige Hautalterung, Faltenbildung und Hautkrebs können die Folgen sein. Es liegt also nahe, sich vor den destruktiven Zügen von Mutter Natur zu schützen.

Gerade auf dem Fahrrad läßt der kühlende Fahrtwind die Gefahren eines Sonnenbrandes oft vergessen. Dasselbe gilt für die Kinder, die meist auch nicht mukken, bis sie abends im Bett zu jammern anfangen. Achten Sie bei Strahlewetter deshalb auf eine ausreichende Kopfbedeckung und die Verwendung einer Ihrem Hauttyp entsprechenden Sonnenschutzcreme. Auch müssen Sie ja nicht unbedingt während der Mittagszeit durch die pralle Sonne radeln. Dies auch aus folgendem Grund:

Ozon

Wo es auf der einen Seite an Ozon mangelt (das vielzitierte «Ozonloch» in der Stratosphäre), liegt dieses im Nahbereich oft im Überfluß vor. Und während das Ozon über den Wolken das Leben durch seine Filterwirkung schützt und erhält, schädigt das bodennahe Ozon in hohen Konzentrationen den Körper, insbesondere die Lungen.

Während der globale Schutzschild in der Stratosphäre vor allem durch moderne Industrieabfälle wie die fluorierten Kohlenwasserstoffe (FCKW) geschädigt wird, ist das Ozon im Nahbereich vor allem ein Gruß unserer motorisierten Mitbürger: Ozon entsteht als Smogreaktion aus Abgasen des Verkehrs und Emissionen der Industrie – inzwischen ist die bodennahe Ozonkonzentration im Jahresmittel mindestens doppelt so hoch wie vor hundert Jahren.

Sieg im blauen Dunst: Als das Rauchen noch als «männlich» galt

Als typisches Reizgas führt es zu trockenem Hals, Lungenstechen, juckenden Augen und einem dröhnenden Kopf. Müdigkeit und Atemwegsreizungen, die insbesondere für Asthmatiker und Allergiker gefährlich sind, können hinzutreten. Von den Langzeitwirkungen weiß man noch immer sehr wenig.

Die einzige Möglichkeit der Prophylaxe für den einzelnen besteht darin, körperliche Anstrengungen während sonnenreicher Sommertage, insbesondere während der Mittagszeit, zu vermeiden. Die Italiener machen es uns vor: Siesta von 12 bis 5 ….

Wir sind also mit unserem «zivilisierten» Leben an einer weiteren Grenze angelangt: Die im Individualverkehr gewonnene Freiheit wird durch Einschränkungen in der Lebensqualität aufgefressen … – Eine Siesta mag ja ganz belebend sein, aber nicht, wenn sie von tränenden Augen und einer stechenden Lunge erzwungen wird.

Die Reiseapotheke

Wer mit Kindern unterwegs ist, und sei es nur zu einem Wochenendausflug, tut gut daran, eine kleine Hausapotheke mit in die Satteltasche zu packen. Dazu gehören z. B. fiebersenkende Zäpfchen für die Kinder und ein Antiseptikum (Desinfektionsmittel) für leichte Schürfwunden.

Natürlich dürfen auch das Pflaster, zwei sterile Kompressen, ein Verbandspäckchen und die kleine Schere nicht fehlen. Je nach Jahreszeit wird noch ein insektenabweisendes Mittel und die Sonnenschutzcreme eingepackt.

Sie sehen: eine moderate Liste, sind doch die meisten Medikamente nur mit den entsprechenden ärztlichen Dosierungsangaben und Indikationen vernünftig einzusetzen. Kohletabletten und andere medizinische Kosmetika beruhigen meist mehr den gesunden Radler als den kranken Darm.

Selbstverständlich muß bei Fernreisen apothekenmäßig aufgerüstet werden; hierzu wird Ihnen Ihr Arzt sicherlich die entsprechenden Ratschläge und Rezepte geben.

7

Fahrradtransport

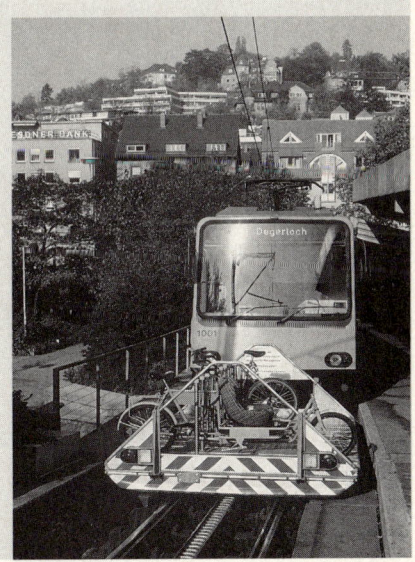

In der Luft

Zu gewesenen Zeiten kamen Fahrräder, vor allem bei Flügen nach Nahost, leicht einmal für ein paar Tage in den Bombenkeller – in den Rohren wurde Explosives vermutet. Heute ist der Fahrradtransport im Flieger meist unproblematisch. Allerdings stehen den Fluggesellschaften für bestimmte Strecken nur begrenzte Beförderungskapazitäten zur Verfügung. Fragen Sie deshalb in jedem Falle vor der Reise bei der Fluggesellschaft nach. (Manche Fluggesellschaften wie z. B. die Deutsche Lufthansa verlangen eine formale Anmeldung des Fahrrads mit Angabe der Länge und des Gewichts.)

Vergessen Sie dann auch nicht, nach den Tarifen zu fragen, die sehr unterschiedlich sein können: Bei Charterflügen z. B. waren lange Zeit Pauschaltarife üblich (für den Hin- und Rückflug z. B. 70 DM pro Fahrrad), der Kampf um den Kunden hat jedoch dazu geführt, daß immer mehr Gesellschaften sämtliche Sportgeräte umsonst befördern. Eine noble Geste, mit der manche Linienfluggesellschaft dem Kunden schon seit Jahr und Tag winkt. Andere Gesellschaften rechnen das Fahrrad auf das Freigepäck an – fahrradbedingte Extrakilo müssen dann nach den üblichen Übergepäcktarifen gelöhnt werden (1 kg kostet dann z. B. 1% des 1.-Klasse-Fahrpreises). Stopfen Sie sich in einem solchen Falle also möglichst viele schwere Sachen ins Handgepäck (Maximalmaße fürs Handgepäck: 55 mal 40 mal 20 cm).

Bevor es im Flugzeugrumpf verschwindet, muß Ihr Fahrrad allerdings noch fliegermäßig getunt werden. Die Frachträume verfügen oft nur über einen ungenügenden Druckausgleich, so daß Luft aus den Reifen gelassen werden muß. Manche Gesellschaften fordern zusätzlich, daß die Pedale abgeschraubt bzw. nach innen gesetzt werden (Gefahr der Lackbeschädigung!) und daß der Lenkerbügel in Längsrichtung gedreht wird. Ganz wilde Linien fordern gar eine genau vorgeschriebene Verpackung (siehe unten).
Erkundigen Sie sich also auf jeden Fall rechtzeitig, und packen Sie die entsprechenden Schlüssel in die Hosentasche.

 → Mancher Flughafenangestellte erleichtert sich den Fahrradtransport, indem er sich auf das Rad schwingt – lassen Sie deshalb stets noch soviel Luft in den Reifen, daß Ihre Felge bei diesem Sport nicht zu Schaden kommt.
→ Werkzeugtaschen, Fahrradcomputer und ähnliches Zubehör gehören für den Fahrradtransport abgenommen!

Über Wasser

Es ist eine feine Sache, mit dem Fahrrad an den riesigen Warteschlangen der Autos und Caravans vor den Fährschiffen vorbei auf den Schiffsrumpf zuzurollen, das Radl über die Rampe zu schieben und sich dem Fernreisefeeling hinzugeben, das Schiffe ja ausstrahlen.

Tatsächlich machen die am größten dimensionierten Transportmittel beim Fahrradtransport die geringsten Probleme, zumindest auf den Fährschiffen ist noch immer irgendwo Platz für ein Fahrrad. Schwierigkeiten gibt es vor allem bei den immer mehr in Mode gekommenen Tragflügelbooten; hier ist eine Reservierung und vorherige Absprache anzuraten.

Vermeiden Sie jedoch, mit Ihrem Fahrrad vollständig vor Anker zu gehen: Schließen Sie Ihr Velo nämlich im Stauraum an, so kann es den manövrierenden Lastwagen in die Quere kommen. Der Lastwagenfahrer oder das Bordpersonal sägen in diesem Fall das Schloß gnadenlos auf.

Schiffe – innerlich bist du schon über dem Meer bei Retsina und Oliven

Mit dem Bus

Wollen Sie mal eine Strecke per Bus zurücklegen, brauchen Sie mit dem Fahrrad nicht zu verzweifeln: Dort, wo sonst zig Sporttaschen verschwinden, paßt zur Not auch Ihr Fahrrad rein – aber auch im Stauraum (Kinderwagenstellplatz) können Fahrräder nach Rücksprache mit dem Fahrer untergebracht werden (Kinderwagen oder Rollstühle haben allerdings Vorrang).

Besonders in Holland weit verbreitet sind Ferienbusse mit Fahrradanhängern (sogenannte Fietsbusse), die Fahrradreisende an alle möglichen europäischen Zielorte bringen. Auch der ADFC bietet über seine Velomobil GmbH diese Form des streßfreien Urlaubsbeginns an: Velomobil GmbH, Postfach 107744, 28077 Bremen.

Mit der Bahn

Es gibt zwei Arten des Bahntransports: die Mitnahme im Gepäckwagen des Zugs, in dem man selber fährt («Selbstverladung») und die Verschickung des Fahrrads als Reisegepäck.

Verschickung als Reisegepäck
Hätte der Fahrer im Lied «Auf der schwäb'schen Eisenbahne» ein Fahrrad statt seines Geißbocks transportiert, wer weiß, vielleicht wäre die Geschichte

weniger traurig-schaurig ausgegangen. Macken und Schrammen jedoch muß der Benutzer auch heute einkalkulieren. Denn im Gegensatz zum Reisenden fährt das Gepäck in den Zügen noch immer 3. Klasse (obgleich die Fahrradgepäckkarte inzwischen auf Erste-Klasse-verdächtige 21 Mark kommt): Da wird übereinander gestapelt, was der Waggon an lichter Höhe hergibt, da wird gequetscht, geschoben und gestaucht, und 3000-DM-Fahrräder fliegen durch die Luft wie Sperrmüll. Wer sein Fahrrad bei der Deutschen Bundesbahn *aufgibt*, dem enthüllt sich spätestens bei der Abholung die Doppeldeutigkeit des Begriffs. Unsere Fahrräder jedenfalls kamen noch bei jedem Versand um Jahre gealtert am Zielbahnhof an.

 → Bis auf wenige und meist auf bestimmte Züge beschränkte Ausnahmen (z. B. nach Dänemark, Belgien, Holland, Österreich) können Fahrräder nicht als Reisegepäck über die Grenzen mitgeführt werden. Wer also im Ausland starten will, muß sein Fahrrad vorausschicken!

→ Besonders in der Reisesaison kann sich die Ankunft Ihres Rades verzögern. Wollen Sie nicht riskieren, am Urlaubsort «ohne» dazustehen, schicken

Sie das Rad im nationalen Verkehr 4–6 Tage vorher los (Österreich: 24 Stunden), im internationalen Verkehr zwei Wochen vorher.

→ Stellen Sie sicher, daß der Zielbahnhof bzw. die Zollstation auch geöffnet ist, wenn Sie Ihr Fahrrad in Empfang nehmen möchten.

→ Alle Bahnen im deutschsprachigen Raum bieten Reisegepäckversicherungen an – vielleicht erleichtert Ihnen diese zusätzliche Sicherheit den Abschied von Ihrem Rad.

→ Keinesfalls verzichten sollten Sie jedoch auf eine gute Verpackung Ihres Gefährts. Hierzu bieten sich die Fahrradkartons an, die Ihnen Ihr Händler vielleicht zur Verfügung stellen wird und die mittlerweile an vielen großen Bahnhöfen käuflich zu erwerben sind. In der Schweiz sind sog. Veloschutzhüllen (an den Bahnhöfen erhältlich) gar obligatorisch. Der Handel bietet zusätzlich Fahrradtransporttaschen und gar -koffer an (mit 150 bis 800 DM sind Sie dabei). *Tip:* In einen stabilen Karton verpackt, läßt sich das Fahrrad im Zugabteil zur Not auch auf zwei gegenüberliegenden Gepäcknetzen verstauen.

→ Sind Kindersitze «mit dem Fahrrad fest verbunden», können diese am Fahrrad verbleiben. Ist der Sitz jedoch abnehmbar, kann er im Bereich der Deutschen Bundesbahn nicht mit dem Fahrrad verschickt werden (in Österreich jedoch möglich). Da die Regelung recht schwammig ist, dürfte Probieren über Studieren gehen.

→ Falls Ihr Fahrrad beschädigt ankommt, lassen Sie sich die Mängel gleich am Zielbahnhof bestätigen. Und ab dann gilt: Machen Sie mordsmäßig Rabatz – die Bundesbahn ist anscheinend nur durch harte Schadensersatzforderungen zu einer einigermaßen zivilisierten Beförderung zu bewegen.

Selbstverladung
Wo immer möglich, sollten Sie die Verladung Ihres Fahrrades selbst in die Hand nehmen.

Im nationalen Fernverkehr können Fahrräder nur in Zügen mit Gepäckwagen (im Fahrplan an einem Fahrradsymbol zu erkennen) selbst verladen werden, und diese sind leider noch immer dünn gesät; immerhin werden jetzt einige Intercitys und die gesamte Interregio-Flotte mit Fahrradabteilen für bis zu 8 Räder ausgestattet. Die *obligatorische Reservierung* kostet zusätzlich zur Fahrradkarte 3,50 DM. Bei Gruppen ab 6 Personen gilt eine Anmeldefrist von einer Woche.

Bei Platzmangel können Fahrräder im Nahverkehr auch im

Einstiegsbereich der Wagen untergebracht werden. («Anspruch besteht nur, soweit Platz vorhanden und andere Reisende nicht behindert werden»). Man ist jedoch auf die Gnade des jeweiligen Bahnschaffners angewiesen, deshalb ist ein guter Schuß Charme nicht abträglich. Meist sind der erste oder der letzte Wagen des Zuges am wenigsten frequentiert.

Um sich zum Selbstverlader zu qualifizieren, brauchen Sie zusätzlich zur normalen Streckenkarte eine Fahrradkarte (Kosten im Nahverkehr bis 100 km (Stand 1994): 5,– (DB)/3,– (DR), darüber: 8,40 DM (DB)/5,– (DR); in Österreich ist die Fahrradmitnahme kostenlos), in der Schweiz kostet sie 6 sfr.

Auf dem Bahnsteig erwarten Sie folgende Probleme:

Problem Nr. 1: Sie finden den Gepäckwagen nicht. Wenn Ihnen Ihr Instinkt oder der Wagenstandsanzeiger nicht weiterhelfen, orientieren Sie sich an den orangen Gepäckwägelchen.

Problem Nr. 2: Das Rolltor öffnet sich nicht, und natürlich ist kein Zugbegleiter in Sicht: Nehmen Sie die Fahrräder einfach mit in die erste Tür neben dem Gepäckwagen – Hauptsache drin.

Problem Nr. 3: Man will aussteigen, aber das Rolltor des Gepäckwagens mag sich nicht öffnen. Hier sehen Sie eventuell alt aus. Erinnern Sie deshalb den Schaffner in jedem Falle vor der Ankunft noch einmal daran, daß es gleich einige Fahrräder zum Ausladen gibt.

→ Wollen Sie Ihr Fahrrad partout nicht ins Ausland vorausschicken, so steigen Sie am letzten Bahnhof vor der Grenze aus, radeln mit dem Gepäckstück über die Grenze und schwingen sich dann wieder auf einen Zug.

→ Beachten Sie, daß Ihr Fahrrad – zumindest in Deutschland – nur im nackten Zustand mitgenommen wird. Entfernen Sie also rechtzeitig die Satteltaschen und ähnliches. Auch Kindersitze dürfen in Deutschland und der Schweiz offiziell nicht auf dem Rad verbleiben (in Österreich ist dies möglich).

→ Jenseits des deutschen Sprachraums wird der Fahrradtransport recht unterschiedlich gehandhabt. Erfragen Sie die aktuellen Bedingungen entweder bei Ihrer Heimatbahn oder bei der jeweiligen Tourismusvertretung des Reiselandes.

→ Trotz zunehmender Beliebtheit des Kinderanhängers bleibt diesem der Gepäckwagen bei der Selbstverladung verschlossen (und zwar sowohl in der Schweiz, in Österreich als auch in Deutschland). Das Aufgeben des Anhängers als Reise-

Fahrradtransport mit dem Fahrrad ...

gepäck ist bis dato nur in der Schweiz und in Österreich möglich! Eine echte Mausefalle der Bundesbahn. Wenigstens kann er dann nicht beschädigt werden.

Mit dem Auto

Auch wenn das Auto meist als natürlicher Feind des Fahrrades angesehen wird, bisweilen gehen die beiden Kontrahenten doch eine enge Verbindung ein: Zum Fahrradtransport nimmt das Stinktier das Zweirad locker auf den Rücken.

Es gibt vier Transportsysteme, drei davon haben einen grundlegenden Nachteil: Die Fahrräder stehen auf dem Dach und sind

deshalb schuld an einem hohen Treibstoffverbrauch, Windanfälligkeit des Autos, Fahrtlärm und an manchem Hexenschuß des unglücklichen Beladers. Und versuchen Sie einmal mit Rädern auf dem Dach unter ein Tankstellendach oder in ein Parkhaus zu fahren ...

Folgende Plazierungen sind möglich:
– Die Räder stehen auf dem Auto aufrecht in einer Rinne, der Rahmen wird mit einer Strebe gehalten.
– Die Fahrräder stehen auf dem Kopf, Lenker und Sattel sind in eine Halterung eingespannt. Nachteil: Lenker und Vorbau werden so stark belastet, daß

sie brechen können. Solche
Modelle gehören ausgemustert.
– Die Fahrräder werden aufrecht
mit ausgebautem Vorderrad
und in die Halterung einge-
klemmter Gabel transportiert
(nur bei Schnellspannaben
sinnvoll).
– Die Huckepackversion (Transport am Heck). Vorteil: Einfache Beladung und geringer
Luftwiderstand. Nachteil: Meist
nur für zwei Fahrräder ausgelegt – über 50 Kilo darf die Last
auf keinen Fall steigen. Manche
Modelle sind nur für Kombi-
oder Steilheckautos geeignet,
zunehmend gibt es aber auch
Huckepacklösungen für Stufen-
hecks, z. B. als Aufsteckträger
für Anhängerkupplungen.

→ Wichtig für alle
Träger: Das GS-
Prüfsiegel und
die TÜV-
Zulassung (zum
Gebrauch nicht erforderlich)
geben Ihnen die Gewißheit,
daß es sich um eine solide
Konstruktion handelt.
→ Jeder Träger muß an das
entsprechende Automodell
angepaßt sein!
→ Beachten Sie die zulässige
Dachlast und das Gesamtge-
wicht, das vor allem beim
Transport mehrerer Fahrräder
leicht überschritten wird.

Anhang

Adressen

Allgemeiner Deutscher
Fahrradclub
– ADFC –
Bundesgeschäftsstelle
Hollerallee 23
D-28209 Bremen
Tel. 0421/34629-0
Fax 0421/34629-50

Arbeitsgemeinschaft umwelt-
freundlicher Stadtverkehr
– ARGUS -
Frankenberggasse 11
A-1040 Wien

IG Velo Schweiz
Postfach 6711
CH-3001 Bern
Tel. 031/451836

ADFC-Dachgeber
c/o Allgemeiner Deutscher
Fahrradclub (ADFC) e.V.
Postfach 10 77 47
D-28077 Bremen

Velodach/Velo-Gites/Ospitabici
c/o IG Velo Schweiz
Pavillonweg 5
CH-3000 Bern

Österreich-Dachgeber
c/o ARGUS-Fahrradbüro
Frankenberggasse 11
A-1040 Wien

Die Naturfreunde
Verband für Touristik und Kultur
Bundesgruppe Deutschland e.V.
Großglocknerstr. 28
D-70327 Stuttgart

Naturfreunde Schweiz
Zentralsekretariat
Pavillonweg 3
CH-3012 Bern
Tel. 031/236088
Fax 031/236118

Naturfreunde Österreich
Bundesleitung
Viktoriagasse 6
A-1150 Wien
Tel. 0222/8923534
Fax 0222/892353436

Deutsches Jugendherbergswerk
Hauptverband
Postfach 1455
D-32754 Detmold
Tel. 05231/7401-0
Fax 05231/7401-49

Schweizer Jugendherbergen
Postfach
CH-3001 Bern
Tel. 031/245503

Österreichischer Jugendherbergs-
verband
Schottenring 28
A-1010 Wien
Tel: 0222/5335353
Fax: 0222/5350861

Verkehrsclub Deutschland e.V.
Bundesgeschäftsstelle
Eifelstr. 2
D-53119 Bonn
Tel. 0228/985850
Fax 0228/9858510

VerkehrsClub Schweiz
– VCS –
Bahnhofstr. 8
CH-3360 Herzogenbuchsee
Tel. 063/615151
Fax 063/616017

Verkehrsclub Österreich
– VCÖ –
Bundessekretariat
Dingelstedtgasse 15
A-1150 Wien
Tel. 0222/858386
Fax 0222/832462

Deutsche Verkehrswacht e.V.
Obere Wilhelmstraße 32
D-53225 Bonn
Tel. 0228/460001

Ferien auf dem Bauernhof

Zentrale für den Landurlaub
Heerstr. 73
D-53111 Bonn

Deutsche Landwirtschafts-Gesellschaft (DLG)
Zimmerweg 16
D-60325 Frankfurt am Main

Bundesverband Urlaub auf dem
Bauernhof in Österreich
Hosnedlgasse 8
A-1220 Wien
Tel.: 0222/2595415
Fax: 0222/2595430

Ferien auf dem Bauernhof
c/o Schweiz. Bauernverband
Laurstrasse 10
CH-5200 Brugg
Tel. 056/325155
Fax 056/422212

Nützliche Bücher

Es gibt festmeterweise Literatur über Fahrräder, Fahrradreisen, Fahrradreparatur usw. Mit einer Aufzählung der Bücher würden Sie nicht glücklich, so daß wir uns entschlossen haben, eine kleine, sehr subjektive Auswahl vorzustellen.

Die Diskussion, was hier nun reingehört und was nicht, erfaßte unsere ganze Familie. Sohn Simon (5 Jahre) erklärte kurz und bündig: Wichtig sei, daß die Kinder die richtigen Kassetten für den Walkman auf langen Reisen dabei hätten, und hier schlägt er vor:

– Benjamin Blümchen als Kinderarzt
– Benjamin Blümchen als Zoodirektor
– Benjamin Blümchen als Ballonfahrer
– Benjamin Blümchen als …

Leider hat sich Benjamin Blümchen noch nicht auf das Parkett der Fahrradszene begeben, so daß es ab jetzt wild durcheinander geht.

Basisbücher zum Fahrrad

ROB VAN DER PLAS: Das Fahrrad, Ravensburger, 29,80 DM: Ein solides Grundlagenbuch, das gleichzeitig informiert und unterhält.

R. BALLENTINE / G. GRANT: Fahrrad total, Pietsch Verlag, 59 DM: Zwei amerikanische Fahrrad-Gurus bereiten in einem üppig illustrierten, in internationaler Koproduktion erstellten Band

alles auf, was jemals über das Fahrrad geschrieben wurde. Technik, Ausrüstung, Wartung und Pflege, Bekleidung und Training, alles findet in dem «ultimative bicycle book» seinen Platz.

Reparaturbücher

CHRISTIAN SMOLIK / STEFAN ETZEL: Das neue Fahrrad-Reparaturbuch, Bielefelder Verlagsanstalt, 19,80 DM: Hübsch gemachtes und mit anschaulichen Zeichnungen versehenes Spiralbuch, das praktisch alles versammelt, was dem Fahrradbenutzer an Pannen widerfahren kann. Der mühselige und beladene Fahrradfahrer findet hier Trost, Zuspruch und die richtigen Tricks.

ROB VAN DER PLAS: Fahrradreparaturen, Falken Verlag, 19,80 DM: Der Band besticht durch erstklassige Farbfotos und eine ausgeklügelte Störungssuch-Tabelle.

Reiseratgeber

STEFAN ETZEL: Mit dem Fahrrad unterwegs, Pietsch Verlag, 19,80 DM: Schön, wenn ein Autor nicht nur die entsprechenden Informationen «drauf» hat, sondern diese auch noch unterhaltsam darzubieten weiß. Das Leitmotiv des Bandes: Fahrradfahren ist kein Survivaltraining, nicht nur ausgekochte Fahrradzombies kommen den Berg hoch, sondern auch Leute wie du und ich. In der meist von Dogmatismus geprägten Fahrradszene ein erfrischendes und motivierendes Buch.

MARTIN KARSTEN / FRANK MIKRES / JOHANNES REMEL: Fahrrad-Reisen, Verlag Peter Meyer, 19,80 DM: Vollgestopft mit Er-Fahrungen der Autoren bietet der Band eine solide und systematische Grundlage für die Fahrradtour.

Über den Tellerrand

HEINZ HELFGEN: Ich radle um die Welt, Bielefelder Verlagsanstalt, 19,80 DM: Der Autor brach als arbeitsloser Journalist 1951 zu seiner Reise um die Welt auf: Die Nachkriegsgeschichte aus dem Blickwinkel des Fahrradsessels.

RÜDIGER RABENSTEIN: Radsport und Gesellschaft, Weidmann, 39,80 DM: Amüsanter Streifzug durch die Geschichte des Radfahrens. Kopfschütteln über die Urteilskraft der zeitgenössischen Meinungsträger darf durchaus aufkommen. Ein Arzt postuliert «… die masturbatorischen Affektionen während des Radfahrens am Sattelknopfe bei Frauen…». Ein anderer geplagter Zeitgenosse sekundiert: «Es steht außer Zweifel, daß das Radfahren Ursachen zu geschlechtlichen Erregungen giebt.» Na prima.

MAX RAUCK / GERD VOLKE / FELIX PATURI: Mit dem Rad durch zwei Jahrhunderte. AT-Verlag, 46 DM: Eine unterhaltsame Wühlerei in der Geschichte des Zweirads, über die wir heute genauso schmunzeln können, wie es unsere Nachfahren in einigen Generationen über diesen Band in Ihren Händen tun werden (hoffentlich…).

Bildnachweis

Baur-Röhl, Jochen (Rathekau): Titelfoto, S. 11, 57, 79, 81, 147, 175, 185
Bicycles AG (Bielefeld): S. 67
Bielefelder Verlaganstalt (Bielefeld): S. 32
Bödeker, Kirsten (Lübeck): S. 65, 76, 99, 107
Braig, Axel (Tübingen): S. 21
Cäcilie Dressler Verlag (Hamburg): S. 12
Catch publishing: S. 66
Der Radtourist, Jahrgänge 1904–1907: S. 31, 38, 109, 116, 162, 169, 171
Jessop, Bruce (Lübeck): S. 73
Kemper, Michael (Düsseldorf): S. 82

Lappan-Verlag (Oldenburg): S. 36
Lorenz, Sabine (Lübeck): S. 49
Manthey, Michael (Stuttgart-Möhringen): S. 77, 173
Mette, Till (New York, USA): S. 55
Pedroni, Gian Marco (Vignola, Italien): S. 29
Renz-Polster, Herbert (Lübeck): S. 14, 40, 68, 69, 70, 72, 74, 115, 129, 132, 136, 137, 149, 151, 167
Schlüter, Andreas (Münster): S. 179
Stamer, Iris (Föhr): S. 18
Weyh, Thomas: S. 15

Das Autorenteam

DR. HERBERT RENZ-POLSTER, Arzt und Publizist, langjähriges Mitglied des Allgemeinen Deutschen Fahrradclubs (ADFC). Fahrrad reisen (mit den Kindern) nach Frankreich, Spanien, Italien, Griechenland, Bulgarien, Ungarn, Alpenländer.

DOROTHEA POLSTER, Erzieherin und Hausfrau; Alltags- und Tourenradlerin seit vielen Jahren. Als autolose Hauptdarstellerin in einem «Familienunternehmen» mit den Alltagsaspekten der Fahrradnutzung bestens vertraut.

Praktische Tips, Ideen,
Anregungen. Ratgeber für den
Umgang mit Kindern im
Alltag.

Harris Clemes/Reynold Bean
**Verantwortungsbewußte
Kinder** *Was Eltern und
Pädagogen dazu beitragen
können*
(rororo sachbuch 9132)

Verantwortungsbewußtsein
ist ein Pfeiler der positiven
Entwicklung aller Kinder, und
die Fähigkeit, Verantwortung
zu übernehmen, ist ein
Schlüssel zur Eröffnung des
persönlichen Potentials eines
jeden Kindes. Dieses Buch
zeigt anhand vieler Alltags-
situationen, wie man Kinder
in der Entwicklung ihres
Verantwortungsgefühls
fördern und unterstützen
kann.

Selbstbewußte Kinder *Was
Eltern und Pädagogen dazu
beitragen können*
(rororo sachbuch 8822)

Selbstwertgefühl ist die
Voraussetzung für die positive
Entwicklung der menschli-
chen Fähigkeiten, Beziehungen einzugehen, zu lernen,
kreativ zu sein und eigen-
verantwortlich zu handeln. Es
ist gewissermaßen das
Bindeglied, das notwendig ist,
um die verschiedenen
Eigenschaften des Kindes in
ausgewogene und
persönlichkeitsbildende
Strukturen zusammenzu-
fügen.
Obwohl wir alle möchten,
daß unserer Kinder ein hohes

Maß an Selbstwertgefühl
haben, gibt es Zeiten, da auch
unsere besten Bemühungen,
ihnen ein solches Gefühl zu
vermitteln, nichts zu nutzen
scheinen.
Dieses Buch versucht , der
Ratlosigkeit in solchen
Situationen entgegenzuwir-
ken, indem es hilft, Kinder
besser zu verstehen und
kindliche Verhaltensweisen
nachzuvollziehen.

Ein Gesamtverzeichnis der
Reihe *Mit Kindern leben*
finden Sie in der *Rowohlt-
Revue.* Jedes Vierteljahr neu.
Kostenlos bei ihrem Buch-
händler.

Mit Kindern leben

Praktische Tips, Ideen, Ratgeber. Anregungen für den Umgang mit Kindern in der Freizeit.

Helga Biebricher
Scherzfragen, Rätsel, Schüttelreime *Vergessenes und Neues zur Unterhaltung*
(rororo sachbuch 7662)

Gela Brüggebors
Körperspiele für die Seele
312mal Bewegung, Entspannung, Energie. Anregungen zur Psychomotorik
(rororo sachbuch 8526)
Klüger als die Eltern... *Mentale Spiele für Kinder*
(rororo sachbuch 9354)

Kristina Hoffmann-Pieper
Basteln zum Nulltarif *Spiel und Spaß mit Haushaltsdingen*
(rororo sachbuch 7955)

Barbara Cratzius
Noch mehr Fingerspiele und andere Kinkerlitzchen *Eine Wundertüte für neue Spiellust mit kleinen Kindern*
(rororo sachbuch 8574)
Allererste Kinderrätsel *Denkspaß für Eltern und Kinder*
(rororo sachbuch 9143)

Walter Diem
Spielausflüge *Ralleys und Spiele im Grünen*
(rororo sachbuch 8443)

Sharla Feldscher
Das Spiel- und Aktionsbuch *Spaß für Kinder, Eltern, Pädagogen*
(rororo sachbuch 8867)

Bettina Hannsz
Kinder mögen Yoga *Entspannung für Körper und Seele*
(rororo sachbuch 9130)

BARBARA CRATZIUS

Denkspaß für Eltern und Kinder

ALLERERSTE
KINDERRÄTSEL

MIT KINDERN LEBEN | roro

K. u. H. J. Hoffmann-Pieper
Basteln ohne Gift *Mit Einkaufsführer*
(rororo sachbuch 8853)

Karin Mönkemeyer
Mit Kindern Umwelt und Natur entdecken:
Frühling
(rororo sachbuch 8828)
Sommer
(rororo sachbuch 8829)
Herbst
(rororo sachbuch 8830)
Winter
(rororo sachbuch 8831)

Beate Seeßlen-Hurler
Kinderfeste *Vorschläge für den Feierspaß von groß und klein*
(rororo sachbuch 8302)

E. Wüpper / Zirkus Kralle
Kinder, Clowns und Kapriolen *Zirkus zum Selbermachen*
(rororo sachbuch 8440)

Ein Gesamtverzeichnis der Reihe mit *kindern leben finden* Sie in der *Rowohlt Revue*. Jedes Vierteljahr neu. Kostenlos in Ihrer Buchhandlung.

rororo sachbuch

3413/4b

Spiele– und Beschäftigungsbücher

Knobeln, drudeln, rätseln, reimen, kochen, basteln – dabeisein ist alles.

Evi u. Hansjörg Langenfass
Comic-Kochbuch *Heiße und kalte Tips für Kochkönige und Katastrophenköche*
(rotfuchs 212)

E. Kahlert / F. Kohlsaat
Rätselkiste
(rotfuchs 290)
Sagt mit, bitte, liebe Leut'
was das für ein Ding bedeut':
Dieses Ding hat sieben Häut'
und das Ding beißt alle Leut'
bis die bittre Tränen weinen.
Was für'n Ding werd ich
wohl meinen?

Witzekiste *Bilder, Witze, Rätsel, Reime, Fabeln und Geschichten*
(rotfuchs 253)
Zwei Hasen werden von einem schwarzen Pudel verfolgt. Sie laufen, schlagen Haken und können endlich den Hund abschütteln. Etwas außer Atem setzen sie sich nieder, um auszuruhen. Plötzlich taucht hinter einem Hügel ein weißer Pudel auf.
«Mensch», ruft da der eine Hase, «jetzt müssen wir aber noch einen Zahn zulegen. Der verdammte Hund hat schon seinen Pullover ausgezogen.»

Krimikiste
(rotfuchs 409 / ab 9 Jahre)
In diesem Buch gibt es nur eine Leiche, und das ist eine dumme Gans. Aber Müllmänner und Füchse geraten in Verdacht und Bürgermeister und Hasen in Teufels Küche ...

Poesiekiste *Sprüche fürs Poesiealbum*
Herausgegeben von Joachim Fuhrmann. Bilder von B. Kaip
(rotfuchs 274)

Eve Marie Helm
Die Rätselhexe *Erster Lesespaß*
Bilder von Margit Pawle
(rotfuchs 538 / ab 6 Jahre)
Eine Geschichte zum Mitraten für Leseanfänger.

F. K. Waechter / Bernd Eilert
Die Kronenklauer
(rotfuchs 448)
Eine wahre Wundertüte, randvoll mit Späßen und Überraschungen. Man kann in und mit diesem Buch lesen, falzen, raten, reimen, malen und singen.

Natias Neutert
100 Tricks und Zaubereien
(rotfuchs 119 / ab 8 Jahre)
Ein «kleiner Ratgeber» für Zauber- und sonstige Tricksereien. Alle Tricks und Tips sind mit verständlichen Anleitungen beschrieben und bebildert.

rororo rotfuchs

Kurze und lange Geschichten für gespitzte Ohren. Geschichten zum Flüstern und zum Brüllen, zum Toben und zum Stock-steif-Liegen. Und viele Lies-noch-mal-Geschichten.

Ich bin aber noch nicht müde!
Geschichten für wache Kinder
(rotfuchs 316 / ab 5 Jahre)

Heinrich Hannover
Als der Clown die Grippe hatte
Neue Geschichten und Gedichte
(rotfuchs 669 / ab 4 Jahre)
Alle Kinder die vorm Schlafengehen "noch eine Geschichte" hören wollen, werden ihren Spaß haben, wenn Herr Tubendrücker umzieht oder die Mücke Pieks hinter dem Zirkusdirektor her ist...

Sylvia Brandis
Momme *Geschichten vom Land*
(rotfuchs 688 / ab 5 Jahre)
Einohr, das Schaf, Terrier Jacky und das steinalte Pferd Orpheus sind Freunde des kleinen Momme. Sylvia Brandis erzählt mit Humor und liebevoller Milieukenntnis Episoden aus dem Hundertseelenkaff im Holsteinischen: Klatsch, Tratsch, Alltag und Sonntag auf dem flachen Lande.

Hanne Schüler
Neue Geschichten ab 3
(rotfuchs 267 / ab 3 Jahre)
Weißnäschen, Schwarzpfötchen und Orange-Kater erleben den ersten Schultag, ziehen um, bekommen eine Schaukel – 33 Abenteuer der Katzenkinder.

SYLVIA BRANDIS
MOMME
GESCHICHTEN VOM LAND

Weißnäschens Klassenreise
und andere Geschichten
(rotfuchs 397 / ab 6 Jahre)

Ute von Brisinski
Der Seifenblasenbär
Vorlesegeschichten
(rotfuchs 496 / ab 4 Jahre)

Markus Osterwalder
Bobo Siebenschläfer macht munter weiter *Geschichten für ganz Kleine*
(rotfuchs 416 / ab 2 Jahre)
Bobo Siebenschläfer ist genau wie sie – die kleinen nimmermüden lieben Quälgeister so um die zwei Jahre.
Bobo Siebenschläfer
Geschichten für ganz Kleine
(rotfuchs 368 / ab 2 Jahre)

Ursula Haucke
Mutz macht Mätzchen *Ein Knirps hat Einfälle*
(rotfuchs 657 / ab 6 Jahre)
Mutz hat pfundweise Phantasie und einen ziemlichen Dickschädel: Grund für allerlei verzwickte Situationen. Aber die Familie hat Humor und sogar die Schwestern Anna und Lena haben Mutz trotzdem zum Fressen gern.

Gruseliges und Gespensti-
sches, Abenteuerliches und
Phantastisches für schaurig-
schöne Schmökerstunden.

Das beste Buch der Welt
Geschichten
(rotfuchs 580 (ab 11 Jahre)
In diesem Buch treten eine
neue Meisterdetektivin und
ein kluges Pferd auf, aben-
teuernde Kinder, ein ver-
schnupfter Geist und Inter-
natsschüler – Wunschge-
schichten von jungen Lesern.

Ursel Scheffler / Jutta Timm
Üxe, der Fischstäbchen-Troll
Kindergeschichte
(rotfuchs 553 / ab 10 Jahre)
Hallo, lieber Üxe! *Malte
schreibt dem Fischstäbchen-
Troll. Eine Freundschafts-
geschichte*
(rotfuchs 661 / ab 10 Jahre)
Wenn Malte an den Fisch-
stäbchen-Troll Briefe
schreibt, kann er Sorgen,
Einsamkeit und Liebes-
kummer loswerden. Malte
wünscht sich, Weihnachten
zu den Großeltern zu fahren
und Üxe dort wiederzu-
treffen.

Valentine Ermatinger
Die 13. Prophezeiung
Erzählung
(rotfuchs 537 / ab 11 Jahre)
Ein sonderbarer Fund an
einer Burgruine: Ein Buch aus
dem Mittelalter mit 13
Prophezeiungen, von denen
sich 12 bereits erfüllt haben...

E. Kahlert / A. Glienke
Vorsicht, Gespenster!
(rotfuchs 460 / ab 9 Jahre)

Irina Korschunow
Wenn ein Unugunu kommt
(rotfuchs 269 / ab 10 Jahre)

Jo Pestum
Die Hunde von Capurna
*Abenteuerstories aus fernen
Ländern*
(rotfuchs 636 / ab 12 Jahre)
Nervenkitzel, Thrill, starke
Pointen, kongenial illustriert
von Klaus Ensikat.

Michael Morpurgo
Als die Wale kamen *oder das
Geheimnis des Vogelmanns*
(rotfuchs 620 / ab 12 Jahre)
Gracie und Daniel freunden
sich mit dem geheimnisvollen
Vogelmann an. Hat er mit
dem Fluch, der auf der
Nachbarinsel lastet, zu tun?

Joachim Hartenstein
Die Flügel des Adlers
Weg in die Wildnis
(rotfuchs 672 / ab 10 Jahre)
Auf einer abenteuerlichen
Flucht vor Monsterbackes
Gang geraten Jork und Jana
in die Hände dreister Betrü-
ger. Ohne Red Cloud, den
geheimnisvollen Mann aus
Dakota, wären sie rettungs-
los verloren...

Romane und Erzählungen für
Leser ab 8 Jahre.

Max von der Grün
Vorstadtkrokodile *Eine Geschichte vom Aufpassen*
(rotfuchs 171)
Nur wer eine gefährliche
Mutprobe bestanden hat, darf
Mitglied der «Krokodiler»
werden. Wie kann sich der
querschnittgelähmte Kurt
bewähren?

Hans Joachim Schädlich
Der Sprachabschneider
(rotfuchs 685 / ab 10 Jahre)
Paul läßt sich auf ein abenteuerliches und bedenkliches
Geschäft ein: Ein Mann will
für eine Woche Pauls Haus-
aufgaben machen, und dafür
soll Paul ihm ein wenig von
seiner Sprache abgeben.

A. Agthe / M. Seck-Aghte
Flußfahrt mit Huhn *Abenteuer-
geschichte*
(rotfuchs 540)
Nach dieser Expedition legt
Ganzo bestimmt kein Ei mehr
... Die spannende Forschungs-
reise kann auch als Video und
im Kino miterlebt werden.

Achim Bröger
Oma und ich *Eine Kinder-
geschichte*
(rotfuchs 493)
Oma ist krank – und das ver-
ändert alles! Aber Jutta hat
Dirk, einen guten Freund...
Ausgezeichnet mit dem
Deutschen Jugendliteratur-
preis

Elke Kahlert
**Einmal Wolkenkuckucksheim und
zurück** *Geschichten aus dem
Traumexpress*
(rotfuchs 588)

HANS JOACHIM SCHÄDLICH
DER SPRACHABSCHNEIDER

Harald Grill
Gute Luft – auch wenn's stinkt
*Geschichten vom Land
Erzählung*
(rotfuchs 332)
**Da kräht kein Hahn nach
dir** *Bernd zieht in die Stadt
Erzählung*
(rotfuchs 548)

Christine Nöstlinger
Die verliebten Riesen
(rotfuchs 471)
Der Riese Satlasch ist auf der
Fahrt zu seiner Riesenbraut
Amanda, als ihm plötzlich
das Benzin ausgeht ...

Mario Giordano
Karakum *Abenteuer in der
Salzwüste*
(rotfuchs 721 / ab 10 Jahre)

Henky Hentschel
Jajas Klau
Ein Südseezauber
(rotfuchs 683 / ab 12 Jahre)

Sylvia Brandis
Español *Rätsel um einen
andalusischen Hengst*
(rotfuchs 656 / ab 12 Jahre)